債権法改正Q&A

金融実務の変化に完全対応

岩田合同法律事務所 編
弁護士 本村　健
弁護士 佐藤修二
弁護士 村上雅哉
弁護士 柏木健佑 編著

銀行研修社

はしがき

　2017年5月26日、民法改正法が成立した。現行民法は、明治29年（1896年）の制定以来、部分的な改正は経たものの、大筋では原型を留めていたが、今般の改正は、契約に関するルールを中心とした大規模なものであり、実に、約120年ぶりの大改正となる。

　本書は、改正法成立直後の約1年前に上梓した、『民法改正と金融実務Q＆A──債権法・預金取扱・保証実務が変わる──』の実質的な改訂版である。金融機関の業務は、民法の規定やその解釈が前提にあるといえ、今般の民法改正が金融機関の実務に与える影響は大きい。例えば、定型約款に関する規定の新設や、消滅時効の期間の変更など、業務に直接影響し得る改正がなされていることから、営業店の担当者としても、改正の内容を理解しておくことは必要不可欠である。とはいえ、今回のような大改正の内容を網羅的に把握することは、大変な労力を要する。前著は、日々多忙な業務に追われている金融機関の営業店担当者の皆様が、日常業務にどのような影響が及ぶのか、そのエッセンスを理解するためのハンドブックを目指して刊行したものであったが、幸いにして好評をいただき、書肆における在庫も尽きた。改正法成立後この1年の間に、改正法の立案担当者の手による『一問一答　民法（債権関係）改正』（商事法務、2018。本書では「一問一答」として引用します）をはじめ、研究者・実務家による解説書や論文も続々と発表され、実務法曹である当職らも、企業等から、改正民法に関する種々の質問や相談を受けることが増えてきている。そこで、この度、前著を全面的にアップデートし、タイトルも『債権法改正Q＆A──金融実務の変化に完全対応──』と改めて、金融機関の営業店の方々を念頭に置きつつも、より広く、改正民法に関心を抱く読者層の参考となることを志して、装いも新たに世に

問うこととした。

　本書の執筆にあたったのは、多数の金融機関から相談を受け、金融法務に日常的に接している弁護士であり、金融機関の営業店の担当者の方々を読者層として念頭に置きながら、改正民法によって金融機関の実務がどのような影響を受けることになるのかをポイントを絞って解説している。

　執筆に際しては、Ｑ＆Ａ方式で設問を設け、理解していただきたいポイントを冒頭に記載し、営業店の実務において留意すべき事項を末尾に記載するという形態を基本としている。各設問における解説では、判例や学説の議論に必要以上に立ち入ることを避けつつ、改正の理由や実務への影響等をできるだけ簡潔に説明するよう努めた。そのため、裁判例や文献などの引用は極力少なくしている。また、本書は７つの章を設け、金融機関の取引類型に沿って改正項目を解説しているが、どの章から読んでいただいても支障はないし、関連する項目については本文でクロス・リファーを行い、読者の便宜を図っている。

　本書が前著にも増して、読者の皆様の改正民法対応の一助となれば幸いである。

2018年８月

編著者一同

推薦のことば

　本書は、2017年に銀行研修社より刊行された、『民法改正と金融実務Q＆A──債権法・預金取扱・保証実務が変わる──』の実質的な改訂版です。金融法務において設立以来110余年の実績を有する岩田合同法律事務所の弁護士諸兄姉が、金融機関の営業店の方々を主要な読者として思い浮かべながら著した、改正民法に関する入門書・啓蒙書、かつ本格的な実務書という点で、前著と変わりありません。

　わが国の民法典は、明治29（1896）年、当時の最高峰の学者によってヨーロッパの最新の成果を取り入れて起草され、帝国議会の議決を経て制定されました。爾来、民法典は、わが国の私法・取引法分野における基本法典として、日本経済のリーガル面での基盤の役割を果たし続けて来ました。しかしながら、民法典は、その制定以来、親族・相続法や根抵当権の創設等の部分的な改正は経たものの、その根幹部分は、制定当時のままに残されていました。

　その民法典が、昨年、全面的に改正されました。改正にあたっては、2006年ころからの学界における準備的検討に始まり、法務省法制審議会での議論、そして国会での審議と、10年以上の歳月が費やされました。関係者の感慨も一塩と思われます。

　言うまでもなく、金融取引は、時間や空間を超える当事者間の約束事、すなわち「契約」が基本となる世界ですが、その契約の基盤となっているのが、民法典の規定群です。今回の民法改正は、その契約に関する規定群を主要な対象としており、金融機関の実務に与える影響は浅からぬものがあると思われます。

　本書を繙くと、改正民法について、Q&A形式によって、改正の概要から実務的影響、更には営業店現場における留意点に至るまで、懇切丁

寧な解説がなされています。民法が改正されたことは知っていても、その内容をフォローするだけの時間的余裕のない営業店の方々にとって、実務の「かゆい部分」にまで手が届く入門書として、また、そうでありながら後々までバイブルとして参照できる実務書として、貴重な書物となっています。金融法務においてわが国最古とも言える伝統を有する岩田合同法律事務所の面目躍如と言えるでしょう。

本書を、前著に引き続き、金融機関の本部から営業店に至るまでの役職員の皆様、金融法務に携わる弁護士・司法書士等の専門家の皆様、法学部・法科大学院の学生の方々、さらには、民法改正に興味を持たれた読書人の方々など、多くの皆様に手に取っていただきたく、ここに推薦する次第です。

岩田合同法律事務所特別顧問

元金融庁長官

細溝 清史

債権法改正Q＆A　目次

はしがき ……………………………………………………………………… 1

推薦のことば ………………………………………………………………… 3

第1章　民法改正の概要

Q1 金融機関の業務に与える影響が大きい改正項目 …………… 12
改正民法のうち、金融機関の業務に与える影響が大きい改正項目は何でしょうか。

Q2 定型約款 ……………………………………………………… 16
大きな改正項目として定型約款についての規定が設けられたとのことですが、どのような内容でしょうか。

Q3 金融取引と定型約款 ………………………………………… 21
金融取引における各種契約のうち、定型約款に該当するもの、該当しないものは何でしょうか。

Q4 改正民法の施行時期 ………………………………………… 24
改正民法はいつから施行されるのでしょうか。それまでにどのような準備を進めていけばよいのでしょうか。

Q5 経過措置 ……………………………………………………… 27
経過措置とは何のためにあるのですか。

第2章　預金取引に生じる影響

Q6 預貯金債権に関する規定 …………………………………… 36
預貯金債権について、新たに設けられた規定について教えてください。

5

Q7 約款変更の手続 ……………………………………………………………… 40
預金規定等の約款類を変更する際にどのような手続が必要でしょうか。

Q8 法定利率に関する改正 ……………………………………………………… 45
法定利率について改正がなされたとのことですが、実務への影響はありますか。

Q9 法定利率の変動の仕組み …………………………………………………… 49
法定利率が変動利率になるとのことですが、法定利率はどのように変動するのでしょうか。

Q10 預金口座への振込による弁済の効力に関する改正 ………… 52
預金口座への振込による弁済の効力について、改正民法はどのように規定していますか。

Q11 債権の準占有者に対する弁済に関する改正 …………………… 55
誤って第三者に対して行った預金の払戻しが有効と認められる要件が明確化されたとのことですが、その内容を教えてください。

Q12 定期預金の期限前解約に関する改正 …………………………… 58
定期預金の期限前解約について民法改正によって何か影響があるのでしょうか。

Q13 預金債権の債権譲渡 ………………………………………………………… 61
預金者が金融機関の承諾なく預金債権を譲渡してしまうことはありえますか。

Q14 為替取引への影響 …………………………………………………………… 65
為替取引にはどのような影響があるのでしょうか。

Q15 通知の到達時期に関する改正 ………………………………………… 67
相手方への通知の到達時期についてどのような改正がされたのでしょうか。

第3章　融資取引に生じる影響

Q16 金銭消費貸借契約の法的性質 ………………………………………… 74
改正民法では、諾成的金銭消費貸借契約が明文で規定されたと聞きました。その内容を教えてください。また、実務に与える影響はあるのでしょうか。

Q17 貸付実行前の法律関係 …………………………………………………… 78
貸付実行前に借入人から「借入を受けないことにした」との連絡がありました。どのような対処ができますか。

Q18 期限前弁済における手数料 ……………………………………………… 81
貸付先が期限前弁済を希望した際の既定の手数料収受について何か影響はありますか。

目　次

Q19 相続人代表からの弁済 ……………………………………… 84
　債務者の相続人代表から弁済を受ける際に留意すべきことは何でしょうか。

Q20 弁済による代位の効果 ……………………………………… 87
　弁済による代位の効果について、法改正による影響はありますか。

Q21 担保保存義務 ………………………………………………… 92
　貸付先から一部弁済や担保変更等を受けようとする場合の留意点について法改正を踏まえて教えてください。

Q22 債権譲渡全般 ………………………………………………… 96
　債権譲渡については、どのような改正がされたのでしょうか。

Q23 譲渡禁止特約 ………………………………………………… 99
　譲渡禁止特約の効力が変わったということですが、その内容を教えてください。

Q24 異議をとどめない承諾による抗弁切断制度の廃止 ………… 103
　異議をとどめない承諾による抗弁の切断の制度が廃止されたとのことですが、その理由はどのようなものでしょうか。また、実務上の対応としてどのようなものが考えられるでしょうか。

Q25 債務引受 ……………………………………………………… 105
　債務引受が明文化されたとのことですが、その内容を教えてください。

Q26 債権者代位権に関する改正 ………………………………… 108
　改正民法では債権者代位権による債権回収が困難になるおそれがあるとの話を聞きました。法改正の概要について教えてください。

Q27 詐害行為取消権に関する改正 ……………………………… 111
　改正民法では詐害行為取消による債権回収が困難になるおそれがあるとの話を聞きました。法改正の概要について教えてください。

Q28 改正民法における詐害行為取消の要件 …………………… 116
　改正民法における詐害行為取消の要件について教えてください。

Q29 詐害行為取消権行使の効果 ………………………………… 120
　詐害行為取消訴訟を提起して勝訴した場合の効果を教えてください。

Q30 相殺に関する改正 …………………………………………… 123
　相殺による貸金債権の回収の局面で法改正の影響はありますか。

Q31 連帯債権に関する規定の新設と連帯債務の改正点 ……… 128
　「連帯債権」に関する規定が新設されたとのことですが、どのような内容でしょうか。また、「連帯債務」に関する改正の概要について教えてください。

7

Q32 連帯債務者の一人に対して生じた事由の
他の連帯債務者への影響 ……………………………… 132

連帯債務者の一人に対して生じた事由（履行の請求、時効の完成及び債
務免除など）は、他の連帯債務者に対してどのように影響するのでしょう
か。

Q33 連帯保証人または主たる債務者に生じた事由の効力 ……… 136

主債務者に生じた事由（履行の請求や時効の完成、債務免除など）は、
連帯保証人に対してどのように影響するのでしょうか。逆に、連帯保証人
に生じた事由は、主債務者に対してどのように影響するのでしょうか。

Q34 消滅時効の時効期間 ………………………………………… 139

債権の種類によって消滅時効の時効期間が短くなるものがあると聞きまし
た。どのような改正がなされたのでしょうか。

Q35 消滅時効の時効障害制度 …………………………………… 143

消滅時効の進行や完成を妨げる事由について大幅な法改正が行われたと
聞きました。どのような改正がなされたのでしょうか。

第4章　保証契約に生じる影響

Q36 個人保証の制限の強化 ……………………………………… 150

個人保証の制限が強化されたとのことですが、どういうことでしょうか。

Q37 個人保証の際の公正証書作成 ……………………………… 155

個人保証については事前に公正証書を作成しなければならない場合があ
るとのことですが、どのような手順で進めればよいでしょうか。また、保
証契約締結後に公正証書を改めて作成する必要がある場合はありますか。

Q38 「事業のため」の意義 ……………………………………… 162

公正証書による保証意思確認の対象となる「事業のため」に負担した貸
金等債務とはどのようなもので、どのように該当性を判断するのでしょう
か。

Q39 理事・取締役等に「準ずる者」の意義 …………………… 164

公正証書による保証意思確認ルールの例外となる、主債務者が法人であ
る場合の理事、取締役または執行役に「準ずる者」とは具体的にはどの
ような場合を指すのでしょうか。

Q40 「共同して事業を行う者」の意義 ………………………… 165

公正証書による保証意思確認ルールの例外となる、「共同して事業を行う
者」とは具体的にはどのような場合を指すのでしょうか。

Q41 アパートローンへの個人保証制限の適用 ………………… 166

アパートローンの保証についても個人保証の制限の適用はありますか。

Q42 主債務者の情報提供義務 ······················· 170

法改正後は保証契約締結時に主債務者が保証人に対して情報提供しなければならなくなると聞きましたが、その内容を教えてください。

Q43 債権者の情報提供義務 ······························· 173

改正民法下において、債権者は、保証人に対してどのような情報提供を行わなければならないか教えてください。

Q44 個人根保証 ··· 177

改正民法では個人根保証に関する規制の適用対象が拡大されているとのことですが、その内容を教えてください。

第5章　金融商品販売やその他付随業務に生じる影響

Q45 定型約款と保険 ······································· 184

保険商品の窓口販売において使用する「約款」について、定型約款に係る改正民法の規定が適用されるのでしょうか。

Q46 定型約款と投資信託約款・目論見書 ··········· 187

窓口販売を行う投資信託の投資信託約款には定型約款に関する改正民法の規定が適用されるのでしょうか。

Q47 金融取引と錯誤・詐欺の主張 ····················· 191

金融商品の販売を行った顧客から、契約締結が錯誤または詐欺によりなされたものだとして契約の効力が争われています。錯誤や詐欺についての改正で注意すべき点はありますか。

Q48 M&A関連業務への影響 ····························· 195

M&Aに関する業務について、法改正による影響はあるのでしょうか。

Q49 貸金庫取引への影響 ································· 200

貸金庫取引に法改正による影響はあるのでしょうか。

第6章　協同組織金融機関への影響

Q50 民法改正による協同組織金融機関の業務への影響 ··········· 206

民法改正により、信用金庫や信用協同組合などの協同組織金融機関が行う業務に影響はあるのでしょうか。

Q51 出資金の返還債務と貸付金の相殺 ··············· 211

出資金の返還債務を貸付金と相殺することがありますが、今回の民法改正による影響はあるのでしょうか。

第7章　その他重要な改正

Q52 意思能力、行為能力、及び公序良俗違反に関する改正 …… 216
意思無能力者・制限行為能力者の法律行為や、公序良俗に反する行為の効力について、改正による影響はあるのでしょうか。

Q53 意思表示の効力に関する改正 ……………………………… 220
心裡留保、虚偽表示、錯誤、詐欺、強迫などの意思表示の効力に関する民法の規定は、どのように改正されたのでしょうか。営業店での取引実務にはどのような影響がありますか。

Q54 代理に関する改正内容 …………………………………… 226
代理に関してどのような改正がなされたのでしょうか。

Q55 売買契約に関する改正 …………………………………… 231
融資先が設備販売事業を行っているのですが、売買契約に関して法改正による影響はあるのでしょうか。

Q56 賃貸借に関する改正内容 ………………………………… 236
金融機関の店舗賃貸借契約等に関して法改正による影響はあるのでしょうか。

Q57 契約解除の要件 …………………………………………… 242
契約の相手方が約束を守らない場合に契約を解除したいのですが、どのような要件を満たせばよいのでしょうか。

Q58 債務不履行による損害賠償請求権 ……………………… 246
融資先企業が取引先に対して債務不履行に陥って、相手方から損害賠償を求められるような場面について、法改正による影響はあるのでしょうか。

コラム 改正法の立法技術 …………………………………………… 33
「なお従前の例による」と「なおその効力を有する」、枝番号

債権法改正と金融機関 …………………………………………… 70

「電磁的記録」とは ……………………………………………… 148

「事業に現に従事している配偶者」の例外 …………………… 180

事業承継と金融機関の役割 ……………………………………… 202

相続法改正（配偶者居住権を中心に） ………………………… 251

10

第1章

民法改正の概要

　第1章では、金融機関の営業店で実務に携わる方々に改正民法のおおまかなイメージを掴んでいただけるよう、実務への影響が大きいと考えられる改正項目、特に定型約款について概説します。また、いつまでに改正民法への対応をしておかなければならないのかという観点から、改正民法の施行時期や経過措置についての説明もします。

金融機関の業務に与える影響が大きい改正項目

改正民法のうち、金融機関の業務に与える影響が大きい改正項目は何でしょうか。

ポイント

・改正民法のうち、金融機関の業務に影響を与えるであろう改正項目は多岐にわたります。
・その中から敢えてあげるとすれば、「定型約款に関する規定の新設」や、「消滅時効に関する規定の見直し」、「個人保証人保護の方策の拡充」、「債権譲渡禁止特約の効力の変更」などについては、金融機関の業務への影響が大きいと考えられます。

　　　　金融機関の業務全般に影響が大きいものとしては、定型約款に関する規定の新設が、その中でも債権管理については、消滅時効に関する規定が見直された点が、それぞれあげられます。また、事業用の借入について個人の保証人による保証を得ようとする場合には公正証書を作成することが義務付けられることや、個人保証人に対する情報提供が債権者と主債務者に義務付けられることも重要な変更です。その他にも、債権譲渡について債権譲渡禁止特約の効力が変更されるなど、実務上影響があると思われる改正項目は多岐にわたります。

　このように改正民法が金融機関の業務に与える影響の大きさに鑑みると、金融機関の営業店としても注意して対応する必要があると考えられます。

第1章　民法改正の概要

解説

　改正民法のうち、金融機関の業務に影響を与えるであろう改正項目は多岐にわたっていますが、ここでは、金融機関の業務に与える影響が大きいと考えられる改正項目について、ポイントを絞って解説します。

　より詳細な解説や、その他の改正項目については、本書の該当箇所を参照してください。

1．定型約款に関する規定の新設

　金融機関においては、預金取引についての預金取引規定、カードローン取引についてのカードローン規定といったように、約款を用いた取引が広く行われています。現行民法はこうした約款について規定を設けていませんでしたが、改正民法は「定型約款」についての規定を新設しました。

　具体的には、改正民法548条の2以下で、「定型約款」の定義づけや、その内容が契約当事者間の合意内容として認められるための要件、その変更が認められるための要件や手続について規定しています。預金取引規定などの規定類は、この「定型約款」に該当するものが多いと考えられますが、仮にその効力を顧客に対して主張できないとすれば、重大な支障が生じかねません。

　そこで、これらの規定類について、

・「定型約款」の効力が合意内容として認められるための要件を充足しているか

・不当条項（顧客の利益を一方的に害するような条項）と解されるおそれがある条項が含まれていないか

13

・変更が認められるための要件を満たしているか

などを、改正民法の施行までの間に精査するなどの対応を取る必要があると考えられます。

2．消滅時効

消滅時効については、時効期間が短縮されるとともに、時効の完成を妨げる事由が整備されました。

まず、時効期間については、債権者が権利を行使できることを知った時から5年が経過したとき、または権利を行使できる時から10年が経過したときに時効期間が満了することが定められました。このような改正に伴い、商事消滅時効や職業別の短期消滅時効が廃止され、民事債権の時効期間は基本的に短くなるといえます。このため、債権管理の実務に与える影響は小さくないでしょう。

次に、時効の完成を妨げる事由については、「更新」事由と「完成猶予」事由とに整理する改正が行われたほか、天災等による時効完成猶予期間の延長、協議合意による時効完成猶予制度の新設といった債権保全に資する改正がなされました。従来、金融機関は貸付債権の時効の完成を妨げるために借入人に対して訴訟を提起するなどの対策を講じる必要がありましたが、協議合意による時効完成猶予制度が新たに設けられたことによって、債権者として対処の幅が広がったといえます。

これらの消滅時効についての改正民法の規定によって、金融機関の債権管理には大きな影響があると考えられます。

第1章　民法改正の概要

3．個人保証人を保護するための方策の拡充

　改正民法では、事業のための借入債務を主債務とする個人保証を得ようとする場合には、公正証書を作成することが求められます（改正民法465条の6）。また、主債務者はこのような個人保証の委託をする際には、個人保証人に対して、財産及び収支の状況や主債務以外の債務の有無・額などの情報を提供しなければならず、債権者が主債務者の情報提供義務違反を知り、または知り得た場合には個人保証人は保証契約を取り消すことができるとされており（同法465条の10）、債権者においても主債務の履行状況に関する情報を提供する義務を負うこととされています（同法458条の2）。

　このような個人保証人を保護するための方策の拡充によって、金融機関が融資を行う際の担保取得の場面で大きな影響が生じることは避けられないでしょう。

4．債権譲渡を制限する特約の効力

　現行民法では、譲渡禁止特約がなされた債権を譲渡しても、譲受人が特約の存在について悪意または重過失であるときには債権譲渡の効力が生じないとされており、これが、債権の担保取得や、債権のいわゆる流動化取引にとって足かせとなっている面が否定できない部分がありました。

　改正民法では、譲渡制限特約（現行民法から用語が変更されています）がなされたとしても、債権譲渡は有効であるものとされ（改正民法466条2項）、現行民法における上記ルールが塗り替えられました。これによって、債権の担保取得や債権の流動化に影響が生じると考えられます。

15

② 定型約款

大きな改正項目として定型約款についての規定が設けられたとのことですが、どのような内容でしょうか。

ポイント

・現行民法には定めのなかった定型約款に関する規定が新たに設けられました。
・金融機関の取引において、具体的にはどのようなものが定型約款に該当するかが問題となります。

A これまで明文の規定がなかった約款について、「定型約款」という名称で一群の規定が設けられました。「定型約款」の定義規定を設けた上で、定型約款に該当するものについては、これを契約内容とするための一定の要件、変更のための一定の要件が定められました。

解説

1. 現行民法とその下での実務

金融機関の実務においては、銀行取引約定書をはじめとして、「約款」や、「ひな形」と呼ばれる定型的な契約条件を記した書面により契約を締結することが行われています。しかし、現行民法においては、約款に関する明文の規定はなく、若干の判例や学説等を元に実務が形成されているにとどまり、何が約款に当たるのか、約款はどのような場合に契約

条件としての拘束力を有することとなるのか、約款の変更のためにはどのような手続が必要か、といった実務上重要な事項が必ずしも明確ではありませんでした。

2．改正民法とその下で想定される実務

改正民法においては、「定型約款」という概念を創設した上で、この定型約款に該当するものについて、これを契約内容とするための一定の要件、変更のための一定の要件が定められました。

以下、それぞれ解説します。

（1）定型約款の定義

改正民法上、定型約款とは、以下の要件を満たすものと定義されています（改正民法548条の2第1項）。

すなわち、

イ．「定型取引」に用いられるものであること（細分化すれば、①特定の者が不特定多数の者を相手方として行う取引であること、②取引の内容の全部または一部が画一的であることがその双方にとって合理的なものであること）

ロ．契約の内容とすることを目的として準備されたものであること

ハ．当該定型取引の当事者の一方により準備されたものであること

です。

注意を要するのは、日常用語で「約款」や「ひな形」と言われるもののすべてがここでいう「定型約款」に該当するとは限らないことです。すなわち、あくまで、上記の要件を満たすもののみが改正民法上の「定型約款」とされます。それゆえ、日常用語で「約款」と呼ばれるものが

17

「定型約款」に該当するかについては、個別に検討する必要があります。

（2）定型約款の合意

　上記（1）の定義に従い、「定型約款」に該当するとされた場合、その定型約款を契約の内容とする合意をした場合はもちろん（改正民法548条の2第1項1号）、かかる合意がない場合でも、定型約款を準備した者があらかじめその定型約款を契約の内容とする旨を相手方に表示していたときは、定型約款の内容が契約の内容となります（同項2号）。後者の「表示」としては、具体的には、契約交渉に際し、定型約款の規定を示したうえで、かかる定型約款をもって契約の内容としたい旨を相手方に伝えることになりますが、実務的には、何らかの形で、相手方に対して「表示」を行った旨を書面に残しておくこと（例えば、「定型約款の内容を契約とすることの説明を受けました」という書面を残しておくなどの対応）が望ましいでしょう。なお、注意しておきたい点として、「表示」とは、取引を実際に行おうとする際に、顧客である相手方に対して定型約款を契約の内容とする旨が個別に示されていると評価できるものでなければなりません。すなわち、ホームページ等で「公表」するだけでは足りず、インターネットを介した取引であれば、契約締結画面までの間に画面上で認識可能な状況に置くことが必要です（一問一答・250頁）。

　もっとも、定型約款の条項のうち、相手方の権利を制限し、または相手方の義務を加重する条項であって、その定型取引の態様およびその実情ならびに取引上の社会通念に照らして民法1条2項に規定する基本原則（いわゆる信義則）に反して相手方の利益を一方的に害すると認められるものについては、合意をしなかったものとみなされます（改正民法548条の2第2項）。これは、例えば、法外な金額の違約金条項を設ける

など、力に任せて一方的な内容を規定することは許されないとするものです。

（3）定型約款の内容の表示

定型約款を契約内容とするためには、定型取引合意の前または合意の後相当の期間内に相手方から請求があった場合には、相当な方法で定型約款の内容を表示する必要があります（改正民法548条の3第1項本文）。ただし、すでに定型約款を記載した書面の交付またはその内容を記録したCD、DVDなどの電磁的記録の提供を行っていた場合には不要です（同項但書）。

開示請求を拒んだ場合には、定型約款は契約内容になりません（同条2項）。

ここでのポイントは、常に事前の開示義務が課せられるものではなく、「相手方から請求のあった場合に限る」とする点にあります。これは、相手方も常に定型約款の内容を確認したいと思うわけではないこと、他方で、確認しようと思えば確認できる、という状況にしておく必要があることによります。

かかる表示の義務は、定型取引の当事者に、定型約款の内容を知る権利を保障するためのものです（一問一答・255頁）。

（4）定型約款の変更の要件

定型約款は、イ．相手方の一般の利益に適合するとき、または、ロ．契約目的に反せず、必要性、相当性、変更条項の有無その他変更の事情に照らして合理的であるときには、一方的に変更を行うことができるものとされます（改正民法548条の4第1項）。

その上で、上記の場合において定型約款変更を行うための手続として

は、事前周知、すなわち、あらかじめ効力発生時期を定めた上で、イン
ターネットの利用その他の方法により周知することが求められています
（同条2項）。

　上記の手続に従わない定型約款の変更は、無効になる可能性があると
考えられます。

3．各種規定が「定型約款」に当たる可能性に留意を

　金融機関は、銀行取引約定書や預金規定のように、いわゆる「ひな
形」を用いることがかなり多いところです。これらは、多くの場合、定
型約款の要件を満たす可能性があると思われますが、「定型約款」の定
義が日常用語としての約款と同一ではないことからすると、必ずしもそ
うとも言い切れない面があります。金融機関の実務上、具体的に何が定
型約款に当たり得るのかという点については、Q3をご参照ください。

　具体的な対応方法は本部で検討することとなると思われますが、実務
現場において日常的に用いるものであるだけに、上記の程度の内容を頭
に入れておくことは、有益かと思われます。

第1章　民法改正の概要

③ 金融取引と定型約款

　金融取引における各種契約のうち、定型約款に該当するもの、該当しないものは何でしょうか。

ポイント

・銀行取引約定書は、定型約款には該当するか否か、明確ではありません。
・預金規定は、定型約款に該当すると考えられます。
・その他については、「内容の全部または一部が画一的であることがその双方にとって合理的なもの」か否かが基準となると考えられます。

　定型約款に該当するためには、「内容の全部又は一部が画一的であることがその双方にとって合理的なもの」であることを要します（改正民法548条の２第１項柱書）。
　そうすると、事業者間取引におけるいわゆる「ひな形」は、相手方にとっては取引の内容を画一化することが合理的でないこともあり、定型約款には該当しないと考えられます。銀行取引約定書は、定型約款に当たるか当たらないか、現時点でははっきりしません。
　他方で、預金規定は、相手方からしても画一的であることに合理性のあるものとして、定型約款に該当するものと解されます。

解説

　金融機関の実務では、預金規定、銀行取引約定書等が定型約款に該当

21

するかが問題となります。その検討にあたっては、事業者間取引（B to B取引）で使われるいわゆる「ひな形」は定型約款に該当するか、という点が出発点になると考えられます。

（1）銀行取引約定書

この点、事業者間取引においては、ひな形どおりの内容で契約をするかどうかは最終的には当事者間の交渉によって決まるものであり、場合によっては、他方の当事者からも他のひな形が提示され、そのいずれを採用するかも含めて交渉が行われることも少なくありません。これは、当事者の一方にとってはひな形により取引の内容を画一化することが合理的であるとしても、他方の当事者にとっては必ずしもそうとは言えないからです。したがって、ひな形が用いられる事業者間取引は、仮に、そのひな形どおりに契約が締結されることが実際に多かったとしても、基本的に、取引の「内容の全部又は一部が画一的であることがその双方にとって合理的なもの」（改正民法548条の2第1項柱書）とは言えないため、このひな形が定型約款の要件に該当するものではないと解されています（以上につき、一問一答・247頁）。

以上からすると、銀行取引約定書については、金融機関側がひな形として取引先事業者に提示するものではあっても、取引先事業者にとっては、銀行取引約定書に従うことが合理的であるとは限らないことから、定型約款には該当しないようにも思われます。他方で、個別交渉による修正は実際には困難であると見れば、定型約款に該当すると見る余地もあり、現時点では何とも言えないところです。

（2）預金規定

他方で、預金規定は、取引の相手方が法人であるか個人であるかを問

わず、同一の内容の契約条項によって契約が締結されるものとして、事業者間取引でも用いられることがあるとしても、定型約款に該当することが多いものと考えられます。このようなものは、たたき台として利用されるひな形とは言い難く、相手方からしても画一的であることに合理性のある取引であるからです（一問一答・247頁）。

（3）定型約款に該当しない「約款」

　なお、最後に、従来一般に「約款」と呼ばれてきたものであっても、改正民法における「定型約款」には該当しないものも出て来ます。こうしたものについては、民法の意思表示や契約に関する一般的な規定が適用されることになります。すなわち、現行民法下でも、約款については、相手方がその内容を認識していなくとも、一定の要件を満たすことにより、契約の内容となることがあるという理解に基づいて利用されてきました。もっとも、どのような要件を満たす必要があるのか、その対象となる約款の要件はどのようなものかなどについては、明確な判例もなく、不透明な状況にありました。

　改正民法下の「定型約款」に当たらない「約款」については、このような不透明な状況が続くことになります。あくまでも今回の改正は、一般に「約款」と言われるもののうち「定型約款」に該当するものについてのみ、ルールを明確化し、法的な安定性を図ったものです（以上につき、一問一答・248頁）。

改正民法の施行時期

改正民法はいつから施行されるのでしょうか。それまでにどのような準備を進めていけばよいのでしょうか。

ポイント

・改正民法は一部の規定を除き2020年4月1日に施行されます。
・施行までに十分余裕をもって準備を進める必要があります。

 改正民法の施行日は、一部の規定を除き、2020年4月1日と定められました。

まずは、改正の内容を把握した上で、金融機関の業務への影響の有無を洗い出す必要がありますので、施行までに十分余裕をもって対応を準備する必要があります。

解説

1. 改正民法の施行時期

2009年10月、法務大臣が民法の債権関係の規定の見直し(債権法改正)を法制審議会へ諮問して以来、法制審議会民法(債権関係)部会において債権法改正の審議が行われていましたが、法制審議会総会による要綱(「民法(債権関係)の改正に関する要綱」)決定、法務大臣に対する答申を経て、2015年3月31日、閣議決定に基づき、「民法の一部を改正する法律案」(民法改正法案)が国会に提出されました。その後、民法

第1章 民法改正の概要

改正法案は衆議院・参議院で承認可決され、2017年6月2日、民法の一部を改正する法律（平成29年法律第44号）と民法の一部を改正する法律の施行に伴う関係法律の整備等に関する法律（平成29年法律第45号）がそれぞれ公布されました。

　法律の公布とは、成立した法律を一般に周知させる目的で国民が知ることのできる状態に置くことをいい、法律が公布されただけではその法律の効力は発生しません。法律の効力が生じるには、その法律が施行されることが必要です。法律の施行時期は、通常その法律の附則で定められますが、改正民法では、附則1条において、改正民法は原則として「公布の日から起算して3年を超えない範囲内において政令で定める日」に施行されるとされていました（改正民法附則1条本文）。これを受けて、「民法の一部を改正する法律の施行期日を定める政令」（平成29年政令第309号）において、改正民法は一部の規定を除いて2020年4月1日に施行されることが定められました。

　ただし、定型約款に関する規定の適用に対する反対の意思表示及び公証人による保証意思の確認手続については、例外的に前倒しで施行がなされます。

　改正民法の定型約款の規定（定型約款につき詳細はQ2をご参照ください）は、施行日前に締結された契約についても原則として適用されますが、施行日前に書面により反対の意思表示がなされた場合には適用がなされません（改正民法附則33条）。この反対の意思表示に関する規定（改正民法附則33条3項）については、2018年4月1日に既に施行されています。

　また、公証人による保証意思の確認手続については、改正民法全体の施行前においても、施行後に締結される個人保証に係る契約についての公正証書作成（詳細はQ37をご参照ください）が行えるように、改正民法

25

附則21条２項及び３項は、その他の規定の１カ月前である2020年３月１日に施行されることとされています。

２．改正民法の対応の準備

改正の内容は多岐にわたります。具体的な改正の内容・金融機関に必要とされる対応についての説明は他のQ&Aをご参照頂ければと思いますが、金融機関の業務に直接影響を及ぼすことが想定される改正内容もあれば、金融機関の業務に直接は関係しなくても、顧客の生活や事業に影響が及ぶことから、金融機関の業務を行うにあたって知っておくべき改正内容もあるでしょう。

したがって、まずは、改正民法による改正の内容を把握した上で、金融機関の業務への影響の有無を洗い出す必要があります。その上で、例えば営業店実務を見直したり、契約書のひな形を改正民法に合わせる形に修正したりといった対応を検討し、実行に移す必要があります。場合によっては、営業店実務が大きく変わるために、業務に取り組む体制を見直すことが必要になる場合もあるでしょう。

前述のとおり、改正民法の施行までは本書刊行時点で２年弱の準備期間がありますが、多岐にわたる改正内容を把握した上で対応を検討・実施することを考えれば、猶予期間は決して長くはないと考えられます。本書を十二分にご活用いただき、施行までに十分余裕をもって対応を準備していただければと思います。

第1章　民法改正の概要

⑤ 経過措置

経過措置とは何のためにあるのですか。

ポイント

・改正民法では、新しい法律関係に円滑に移行できるように、既存の法律関係をある程度認める等の経過措置が規定されています。

・経過措置は、附則に規定されています。本書で解説されている影響がいつから及ぶのかを確認するために、改正内容だけではなく、附則も含めて確認する必要があります。

A 新しい法令を制定し、あるいは既存の法令を改正する場合、新制度への移行を円滑に行うことは、社会生活の安定の上で極めて重要です。新法令をその施行前にされた行為に対して遡って適用し、旧法令が与えた効力を覆すことは、法秩序を混乱させ、社会生活を著しく不安定にする可能性があり、例外的対応といえます。そのため、新しい法律関係に円滑に移行できるように既存の法律関係をある程度認めるなどの規定を置くことが望まれます。このようなことを定めた措置を、経過措置といい、通常、改正法の附則に置かれます。改正民法においても、附則の第1条から第37条において経過措置を定め、法的安定性を図っているといえます。

27

解説

1. 経過措置とは

（1）経過措置が必要な理由

　経過措置とは、特定の法制度から、新しく別の法制度に移行する際に、発生し得る不都合を極力減らすための一時的な措置や対応などのことをいいます。

　取引の当事者等は、契約をはじめとする法的な行為を行う場合、行為時点において通用している法令の規定が自己の行為について適用されると考えるのが通常です。民法の世界でいえば、例えば改正法の施行日前に行われた契約などについてまで改正後の民法の規定を遡って適用すると、当該行為に対して法令が適用された結果として生じる権利関係等についての当事者の予測を害する結果となります。以上を要するに、法の適用関係を明確にし、法的安定性を実現するために、経過措置を設ける必要があるのです。

　民法の世界を離れて、税金の世界から例をあげてみれば、例えば、税率が変われば、いつの時点の取引から新税率を適用すべきか、租税法令において定めを置くことが必要となってきます。消費税率の引上げに関連して、「マイホームの建築をするなら今年の6月中までに契約を」といった記事等は、今年の6月30日までに工事契約をすれば、引渡しが税率が引き上げられる来年1月以降であっても法改正前の低い税率が適用されるとする旨の経過措置があったことが法的な根拠となるわけです。

第 1 章　民法改正の概要

（2）経過措置の置かれる場所 —— 附則は重要

　経過措置は、附則において規定されることが通例です。そもそも、法律の規定は「本則」と「附則」から構成され、本則には、法令の本体的部分となる実質的な定めが置かれるのに対して、附則には、本則に定められた事項に付随して必要となる事項が定められることとなっています。

　この附則に規定される事項は、法律の内容によって異なりますが、まず、最初に置かれるのが施行期日に関する定めです。施行とはその法律が実際に効力を発揮することをいい、施行期日は法律の効力発生時期を明確にするために定められるものです。

　附則には、経過措置など当事者にとって重大な影響を及ぼす事項が規定されていたり、暫定措置など本則だけを見ていたのでは分からないような事項が規定されていたりします。複雑な規定も多く見過ごしてしまいそうですが、いずれも、本則の円滑な運用のためには不可欠な規定であり、見落としてはならない法律の重要な構成部分といえます。製造業とは異なり、言わば「（契約書などの）紙と法律」の上に成り立っていると言える金融業の世界においてはとりわけ、複雑な規定の隅々までも確認することが極めて大切です。

2．経過措置の例

（1）経過措置の規定方法

　一般的な経過措置の規定方法としては、法律上の出来事が施行日以後にあったか否かで、当該法令規定を適用するか否かを決めることが多いといえます。すなわち、「施行日以後に○○○がされた場合について、改正民法の規定を適用し、施行日前に○○○がされた場合については、なお従前の例による」という形で示されるケースが多いといえます。も

っとも、その形で、単純に示せない場合があり、その点の確認がポイントとなります。

経過措置において「なお従前の例による」とされている例は、**図表1-1**においていくつかあげてみましたが、詳細は、各設問において確認していただきたいと思います。以下では、意思能力に関する経過措置を見てみたいと思います。

（2）意思能力に関する経過措置（附則2条）

改正民法3条の2は「法律行為の当事者が意思表示をした時に意思能力を有しなかったときは、その法律行為は、無効とする」と定め、意思無能力による法律行為を無効とする旨を明文化しています。

この改正民法規定について、附則2条は「意思能力に関する経過措置」として「この法律による改正後の民法（以下「新法」という）3条の2の規定は、この法律の施行の日（以下「施行日」という）前にされた意思表示については、適用しない」と定めています。前述の「施行日以後に法律行為や意思表示がされた場合について適用し、施行日前に法律行為や意思表示がされた場合についてはなお従前の例による」との考え方に従ったものといえます。

この点、もう少し具体的にいえば、例えば、XがYとの間で金銭消費貸借契約を締結したところ、契約当時（銀行取引時に）、Xは強度の認知症であり意思無能力であった場合、契約日が施行日以後であれば改正民法3条の2が適用され金銭消費貸借契約は無効となりますが、施行日よりも前であれば改正民法3条の2は適用されない、ということとなります（もっとも、現行民法においても、明文の規定こそないものの、意思無能力による法律行為は無効となると解されていますから、結論としては金銭消費貸借契約は無効となる点は同様となります）。

第1章　民法改正の概要

図表1‐1　改正民法の経過措置例

項目※	附則条項	「なお従前の例による」基準
公序良俗（90条）	5条	施行日前にされた法律行為
意思表示（93条、95条、96条2項・3項、98条の2）	6条1項	施行日前にされた意思表示
意思表示の効力発生時期（97条）	6条2項	施行日前に通知が発せられた意思表示
代理	7条1項	施行日前に、代理権の発生原因が生じた場合（代理権授与の表示がされた場合を含む。）
時効の援用（145条）	10条1項	施行日前に生じた債権（施行日以後に債権が生じた場合であって、その原因である法律行為が施行日前にされたときを含む。以下同じ。）
時効の中断（現行民法147条）・停止（現行民法158条〜161条）	10条2項	施行日前に生じた時効の中断・停止事由
協議を行う旨の合意による時効の完成猶予（151条）	10条3項	施行日前に、権利についての協議を行う旨の合意が書面でされた場合（その合意の内容を記録した電磁的記録によってされた場合を含む。）
消滅時効の期間	10条4項	施行日前に生じた債権
法定利率（404条）	15条1項	施行日前に利息が生じた場合における、その利息を生ずべき債権
債務不履行等（412条2項、412条の2〜413条の2、415条、416条2項、418条、422条の2）	17条1項	施行日前に生じた債務（施行日以後に債務が生じた場合であって、その原因である法律行為が施行日前にされたときを含む。）
遅延損害金の法定利率（419条1項）	17条3項	施行日前に債務者が遅滞の責任を負った場合における、遅延損害金を生ずべき債権
詐害行為取消権（現行民法424条1項）	19条	施行日前に、債務者が債権者を害することを知ってした法律行為
保証債務	21条	施行日前に締結された保証契約に係る保証債務
債権譲渡（466条〜469条）	22条	施行日前に債権譲渡の原因である法律行為がされた場合
弁済	25条1項	施行日前に生じた債務（施行日以後に債務が生じた場合であって、その原因である法律行為が施行日前にされたときを含む。）に対する弁済

※条文は断りがない限り改正民法の条文とします。

（3）経過措置に関する原則と異なる取扱いをする場合

　（2）で述べたような、いわば経過措置に関する原則的と異なる取扱いをすることが妥当であると考えられるケースもあります。

　その例としては、変動法定利率等があります。金融実務に影響が大きいと考えられるものを、**図表1-2**でまとめましたので、参考にしていただければと思います。また、定型約款に関する改正民法の規定については、現行民法の下で締結された契約に対しても、原則として適用することとされています（附則33条1項）。

図表1-2　経過措置に関する原則と異なる取扱いをする場合

項目※1	附則条項	附則による処置
直近変動期における法定利率（404条4項）	15条2項	404条4項の規定により法定利率に初めて変動があるまでの各期における同項の規定の適用については、同項中「この項の規定により法定利率に変動があった期のうち直近のもの」（「直近変動期」）とあるのは「民法の一部を改正する法律の施行後最初の期」と、「直近変動期における法定利率」とあるのは「年3パーセント」とする。
個人保証と公正証書（465条の6第1項、465条の8第1項）	21条2項※2	保証人になろうとする者は、施行日前においても、同条所定の公正証書の作成を嘱託することができる。
個人保証と公正証書（公正証書の作成の嘱託があった場合）	21条3項※2	公証人は、施行日前においても、465条の6第2項および465条の7（これらの規定を465条の8第1項において準用する場合を含む。）の規定の例により、その作成をすることができる。

※1　条文は断りがない限り改正民法の条文とします。
※2　附則21条2項・3項の規定は、公布の日から起算して2年9月を超えない範囲内において政令で定める日に施行される（附則1条3号）。

第1章　民法改正の概要

コラム

改正法の立法技術 ──
「なお従前の例による」と
「なおその効力を有する」、枝番号

　経過措置の中に、よく似た2つの規定があります。1つは「なお従前の例による」というもので、もう1つは「なおその効力を有する」というものです。両者は、既存の法律関係の存置という点については、ほぼ同じ効果を有するといえます。違いの1つとしては、改正または廃止前の法令が適用される根拠が違うということがいえます。すなわち、「なお従前の例による」の場合、改正または廃止前の法令自体は失効していて、「なお従前の例による」という規定が適用の根拠となりますが、「なおその効力を有する」の場合、改正または廃止前の法令が効力を有することになりますので、当該改正または廃止前の法令自体が適用の根拠となります。

　次に、効力の及ぶ範囲についても違いがあり、「なお従前の例による」の場合、従来の法律関係全体を対象としていると考えられるため、当該法律のほか、政令、省令といった下位の法令に関する経過規定は不要となります。一方、「なおその効力を有する」の場合、効力を有するのはあくまで当該法律だけなので、当該法律に基づく政省令があるときは、それらについては別に経過規定を設ける必要があります（以上につき、参議院法制局法制執務コラム《http://houseikyoku.sangiin.go.jp/column/column051.htm》を参照）。

　さらに、改正により条数を増減するために、立法技術として、「第○条の2」という条の枝番号を用いて追加する方法や「第○条　削除」とい

33

う抜け殻の条を残したかたちで既存の条を廃止する方法があります。

2004年に行われた、表記の現代語化を目的とした民法の全面改正では、「条名にはできる限り変更を加えない」という原則のもと、条名の整序は、孫枝番号の解消等を目的とした必要最小限のものにとどまりました。このような方針とされた背景には、民法を基礎に形成された人々の知的共有財産を守る、という思想があったということができましょう。

すなわち、民法は、「法律の女王」と言われることがあるように、あらゆる法律の基本であるところ、その民法の中でも有名な条文、例えば、90条（公序良俗）や709条（不法行為による損害賠償）は、条名自体が、その意味内容の代名詞として人々の共有財産となっていると言えます。こうした条文について条名を変えてしまえば、そのような知的共有財産が失われることとなり、銀行界・法曹界をはじめとする法律実務及び学問の世界に大きな混乱を与えることも懸念されたからです。今般の改正民法でも、例えば多くの規定が追加された保証の箇所などで枝番号が多用されており、そのような思想が見て取れます。

第2章

預金取引に生じる影響

　第2章では、民法改正が預金取引に及ぼす影響について解説します。預金取引は顧客と営業店の接点となることが多い取引であることから、営業店実務への影響には注意を要します。また、預金取引の大量取引・迅速性の要請という観点から、約款類の変更や預金債権の債権譲渡、通知の到達時期についての改正の影響について取り上げます。その他為替取引に及ぼす影響についても、本章で解説を行います。

預貯金債権に関する規定

預貯金債権について、新たに設けられた規定について教えてください。

ポイント

・改正民法では、現行民法には見られなかった特徴として、「預金」「貯金」に特有の規定が設けられています。

A 改正民法では、同法466条の5（預金債権又は貯金債権に係る譲渡制限の意思表示の効力）、477条（預金又は貯金の口座に対する払込みによる弁済）及び666条（消費寄託）3項の3カ条において、「預金」「貯金」に特有の規定が設けられました。

解説

1.「預金」「貯金」に関する規定

現行民法の規定では、「預金」「貯金」という用語は用いられていないのに対し、改正民法では、3カ条において、「預金」「貯金」という用語が用いられています。このように、預貯金債権特有の規定が設けられたことは、現行民法下において金融機関実務を想定した解釈論や裁判例が積み重ねられてきたことを反映したもので、改正民法の特徴の一つと言えるでしょう。

「預金」「貯金」という用語が用いられた規定は、具体的には、改正民法466条の5（預金債権又は貯金債権に係る譲渡制限の意思表示の効力）、

477条（預金又は貯金の口座に対する払込みによる弁済）及び666条（消費寄託）3項となります。

他のQ&Aで触れられている条文もありますが、以下これらの規定の内容について概観します。

2．預金債権又は貯金債権に係る譲渡制限の意思表示の効力（改正民法466条の5）

改正民法466条の5に定められた「預金債権又は貯金債権に係る譲渡制限の意思表示の効力」に関しては、Q13をご参照ください。

改正民法466条の5は、預貯金債権に関し、改正民法466条2項に対する例外を定めた規定です。すなわち、改正民法では、一般に、債権の譲渡を禁止または制限する特約に反して行われた債権譲渡も譲渡自体は有効としているのに対し（改正民法466条2項）、預貯金債権については、特約に反して預貯金債権が譲渡された場合、譲受人がかかる特約があることを知っていた、または重大な過失によって知らなかった場合には譲渡は無効であるとされています（同法466条の5）。

改正民法466条の5の規定は、預貯金の払戻しについて金融機関が大量の取引を迅速に処理する必要があることや、差押債権者等の第三者との関係が不明確になるなど金融システムの円滑に支障を生ずるおそれがあることを考慮して、預貯金債権について通常の債権とは異なる例外的な取扱いがなされることが規定されたものです（一問一答・172頁）。

3．預金又は貯金の口座に対する払込みによる弁済（改正民法477条）

現行民法においては、預金口座への振込による弁済に関するルールについては規定が設けられていません。しかしながら、現代では多くの金

銭債務の決済が預金口座への振込によって行われていることを踏まえ、改正民法477条は、その基本的な法律関係を明確化することを目的として、預貯金口座への振込による弁済の効力の発生時期を規定したものです。

改正民法477条に定められた「預金又は貯金の口座に対する払込みによる弁済」に関しては、Q10をご参照ください。

4．消費寄託（改正民法666条3項）

（1）消費寄託全般についての改正内容

現行民法では、消費寄託について、原則として、消費貸借の規定が準用されていました（現行民法666条１項）。しかしながら、消費貸借は借主の側に目的物を利用するという利益がある契約であるのに対し、消費寄託は、寄託者の側に目的物を第三者に保管してもらうという利益があるものであるという構造の違いがあり、消費寄託についてもこの構造の違いを前提として規定を設けるのが適切であることから、消費寄託についても原則として寄託の規定を適用することとされました（一問一答・367頁）。

（2）預貯金債権に関する規定の必要性

しかしながら、消費寄託契約に基づく債権である預貯金債権について消費寄託の返還時期の規定を適用した場合、返還時期を定めている定期預貯金に関しては、やむを得ない事由がなければ金融機関は期限前に返還をすることができなくなってしまいます（改正民法663条２項）。

従来は、弁済期到来前の定期預貯金債権についても、受寄者である金融機関がいつでも寄託者である預貯金者に対して目的物（金銭）を返還

することができることから（現行民法666条1項、591条2項）、金融機関はこれに依拠して定期預貯金債権の期限の前においても預貯金者に対する貸付債権との相殺を行ってきました。預貯金債権について消費寄託に関する改正民法663条2項が適用されるとすれば、このような処理が困難になるおそれがありました。

（3）預貯金債権に関する規定の内容

そのため、改正民法では、預貯金債権の返還時期については、他の消費寄託とは異なり、消費貸借に関する規定（改正民法591条2項、3項）を準用し、借主（受寄者）が返還時期の定めの有無にかかわらず目的物をいつでも返還することができることとしています（同666条3項）（以上（2）及び（3）につき、一問一答・368頁）。

（4）実務への影響

このように、預貯金債権に係る消費寄託に関する改正内容は、従来の金融機関の定期預貯金債権と貸付債権の相殺に関する実務を踏まえて、実務への影響を避けるべく規定されたものです。したがって、従来の実務に大きな影響を及ぼすことはないものと考えられます。

⑦ 約款変更の手続

預金規定等の約款類を変更する際にどのような手続が必要でしょうか。

ポイント

・約款変更が認められる要件・手続について、従来は明文の規定はなく解釈に委ねられてきましたが、改正民法では明文の規定が設けられました。

A 改正民法では、一定の約款（定型約款）を変更する手続として、変更の効力発生時期を定めるとともに、定型約款を変更する旨および変更後の定型約款の内容ならびにその効力発生時期をインターネットの利用その他の適切な方法により周知することが求められています。

解説

1．現行民法とその下での実務

ご承知のとおり、いわゆる「約款」を用いた取引は、社会生活上あらゆる場面に普及しています。金融機関においても、預金取引に関しては預金取引規定、カードローン取引についてはカードローン規定といったように、約款を用いた取引は広く行われています。しかしながら、現行民法では、約款に関する規定は設けられていませんでした。そのため、約款を事後的に変更するのに必要な手続等については法律の定めはなく、解釈に委ねられていました。

第2章　預金取引に生じる影響

　近年、この点について争われた裁判例として、福岡高裁平成28年10月
4日判決（金融商事判例1504号24頁）およびその原審である福岡地裁平
成28年3月4日判決（金融商事判例1490号44頁）があります。

　これらの裁判例では、預金取引規定への暴力団排除条項の追加に関し
て、当該条項が導入前に周知されていたこと、その内容が相当であるこ
と、当該条項の導入により既存の顧客が不利益を受ける程度が小さいこ
と、当該条項を遡及適用する必要性が高いことなどを理由として、当該
条項の追加より前に預金取引を開始した顧客との間でも、追加された暴
力団排除条項が適用されるという判断がなされています。

2．改正民法下で想定される実務

（1）約款変更の手続に関する改正民法の規定

　改正民法では、同法548条の2第1項に定める「定型約款」に該当す
る約款（「定型約款」の意味については、Q2をご参照ください）について、
同法548条の4において、変更が認められる要件・手続を定めています。
その内容をまとめると、**図表2-1**のとおりです。

41

図表2-1　定型約款の変更が認められる要件・手続

	改正法条項	要件・手続の内容
要件 （右記のいずれか）	548条の4第1項1号	変更が相手方の一般の利益に適合するとき
	548条の4第1項2号	変更が契約をした目的に反せず、かつ、変更の必要性、変更後の内容の相当性、定型約款の変更をすることがある旨の定めの有無およびその内容その他の変更に係る事情に照らして合理的なものであるとき
手続	548条の4第2項	変更の効力発生時期を定める
	548条の4第2項	定型約款を変更する旨および変更後の定型約款の内容ならびにその効力発生時期をインターネットの利用その他の適切な方法により周知する ※548条の4第1項第2号に定める場合においては、同条第2項の規定による事前の周知が効力発生要件

（2）定型約款の変更が認められる要件の具体的内容

①変更が相手方の一般の利益に適合するとき

　定型約款の変更が認められる要件として改正民法548条の4第1項1号に定められる要件「変更が相手方の一般の利益に適合するとき」の例としては、継続的に一定のサービスを有料で提供する契約において、顧客である相手方が支払義務を負う金額を減額するケースや、定型約款準備者が提供するサービスの内容を相手方に負担を課さない形で拡充するケースがあげられています（一問一答・259頁）。

②変更が契約の目的に反せず、かつ、変更に係る事情に照らして合理的なものであるとき

　改正民法548条の4第1項2号においては、変更が契約の目的に反せず、かつ、変更に係る事情に照らして合理的なものであることを、定型約款の変更が認められる要件として定めています。

　「変更の必要性」とは、定型約款の変更を行う必要が生じた事情に加えて、個別の同意を得ることが困難である事情も考慮されるとされてい

ます（一問一答・260頁）。

　また、変更に係る事情に照らして合理的なものであることの要素としては、イ．定型約款の変更をすることがある旨の定めの有無、及び、ロ．その他の変更に係る事情、があげられています。

　イ．定型約款の変更をすることがある旨の定めの有無、については、定型約款の変更をすることがある旨の定めがあることは変更が認められる必要条件というわけではなく、かかる定めがない場合であっても変更が認められる余地があることに注意を要します。さらに、定型約款において、定型約款を変更するための要件や手続が定められ、それが充足されていることが変更の合理性を肯定する事情として考慮される（一問一答・260頁）ため、単に定型約款の変更をすることがある旨を規定していることのみで定型約款の変更が認められるわけではありません。

　ロ．その他の変更に係る事情、としては、変更によって相手方が受ける不利益の程度や性質、このような不利益を軽減させる措置がとられているかが考慮されます。例えば、このような措置の例としては、変更後の契約内容に拘束されることを望まない相手方に対して契約を解除する権利を付与したことや、変更の効力が発生するまでに猶予期間を設けることなどがあげられます（一問一答・260頁）。

（3）定型約款の変更手続に違反した場合の影響

　「変更が契約の目的に反せず、かつ、変更に係る事情に照らして合理的なものであるとき」（改正民法548条の4第1項2号）として定型約款を変更する場合においては、同法同条2項に定める周知を行わなければ、定型約款の変更は効力を生じないとされています（同条3項）。

　したがって、定型約款の変更にあたっては、改正民法548条の4第2項の規定による周知要件を満たしていることを確保し、例えば周知期間

をどの程度行ったかなどの証跡が残されるようにすることが望ましいと考えられます。

（4）実務への影響

　従来、約款を事後的に変更するのに必要な手続等については法律上明確な規定がありませんでした。そのため、約款を事後的に変更する場合に、変更後の内容が適用されるかを巡ってトラブルになることもありえました。

　この点、暴力団排除条項の追加を巡る前述の裁判例では、改正民法の規定と概ね共通する要件によって約款変更が認められるという判断がなされましたので、改正民法が施行されても実質的な影響は限定的とも考えられます。しかしながら、定型約款の変更の要件と手続が明文で整理されたことで、変更の法的な安定性が増すことが期待されます。

　定型約款の変更にあたっては、（2）で述べたような変更の要件に留意しつつ変更の手続を履行することが求められます。

3．定型約款の変更に係る問い合わせ対応に留意

　定型約款の変更が認められる手続として、「インターネットの利用その他の適切な方法により定型約款の変更内容や時期等について周知されること」が必要とされています。金融機関においては、営業店窓口の重要性も高いことから、インターネットによる周知に加えて、営業店への問い合わせに対する対応も適切になされることが望ましいと言えます。

　定型約款の変更がなされるにあたっては、これまで以上に、問い合わせ対応が十分に行われる体制を整えることが重要になると考えられます。

44

8 法定利率に関する改正

法定利率について改正がなされたとのことですが、実務への影響はありますか。

ポイント

・改正民法においては、法定利率を当面3パーセントとするとともに、3年ごとに変動することとされました。
・貸出取引においては、一般的には、契約で定められた利率が適用され、改正民法の影響はないものと考えられますが、その他の取引において契約の見直しの必要がないか、検討の必要があります。

A 預金取引や貸出取引においては、契約で定められた利率が適用されるため、一般的には、改正民法の影響はないものと考えられます。ただし、金融機関が不当利得の返還請求を受けた場合や債務不履行による遅延損害金を請求された場合の利率については、改正後の法定利率が適用される可能性があります。なお、預金取引や貸出取引以外の取引についての契約において、相手方の金銭債務の不履行があった場合における遅延損害金の利率が定められていない場合には、契約の見直しが必要ないか検討する必要があるでしょう。

解説

1. 現行民法とその下での実務

　現行民法404条は、「利息を生ずべき債権について別段の意思表示がないときは、その利率は、年五分とする」と規定しています。すなわち、利率が契約で定められていない場合や、法律の規定により利息が発生する場合（例えば、同法704条により、本来受けることのできない利益を知っていて受けていた者（悪意の受益者といいます）がその利益（不当利得といいます）を返還する場合など）には、年率5パーセントの法定利率が適用されることとされてきました。また、金銭債務の不履行による遅延損害金についても、法定利率を超える利率の合意がない限り法定利率が適用されます（同法419条）。

　金融機関による預金取引や貸出取引において利率が契約で定められていないということは考えにくいため、金融実務上、法定利率が適用される場面としては、金融機関が不当利得の返還請求を受ける場合（消費者金融が過払金返還請求を受ける場合など）や債務不履行による遅延損害金を請求される場合（預金の払戻しを請求されてこれに応じない場合など）など限定的でした。

　なお、現行法では、商行為によって生じた債務に関しては、法定利率は年率6パーセントとされています（現行商法514条）ので、金融機関に関しては一般的には年率6パーセントの法定利率が適用される場合が多かったと言えます（ただし、協同組織型金融機関に関してはQ50をご参照ください）。

2．改正民法下で想定される実務

（1）法定利率に関する改正内容

　現行民法においては、前述のとおり法定利率は年率5パーセント（商事法定利率は6パーセント）とされてきましたが、かかる利率が現状の市場金利の水準と乖離しているとの指摘がなされていました。また、今後も市場金利の相場は変動し得ることから、改正民法は、法定利率を当面3パーセントとするとともに、3年ごとに変動することとしました（改正民法404条2項、3項）。

　法定利率が変動しうるとすれば、「長期間存続する債務にいつの時点の金利を適用するか」が問題となりますが、改正民法では、利息が発生した最初の時点における法定利率が適用されることを定めています（同法404条1項）。利息が発生した最初の時点とは、利息の発生する元本債権について利息が生じた最初の時点をいうとされており、貸金債権で言えば、貸付金を借主が受け取った日をいうとされています（同法589条2項）（一問一答・86頁）。また、金銭債務の不履行による遅延損害金については、債務者が遅滞の責任を負った最初の時点における法定利率が適用されることとされています（同法419条1項）。

　なお、改正民法による法定利率の見直しに伴い、現行商法の商事法定利率の規定は廃止されます（民法の一部を改正する法律の施行に伴う関係法律の整備等に関する法律1章3条1項）。

（2）実務への影響

　前述のとおり、預金取引や貸出取引においては利率が契約で定められていないということは考えにくいため、改正民法下でも約定利率が適用されることに変わりはないと考えられます。遅延損害金の利率について

も、年率14パーセントといった利率が定められていることがほとんどで
しょう。したがって、一般的には、預金取引や貸出取引において改正民
法の影響はないものと考えられます。

　一方で、金融機関が不当利得の返還請求を受けた場合や債務不履行に
よる遅延損害金を請求された場合の利率については、従前も法定利率が
適用されていたため、法定利率に関する改正の影響を受けます。当初の
法定利率は年率３パーセントと現行民法より低い水準の利率が規定され
ていますので、当面は、これらの請求を受けた金融機関には改正民法に
よる改正が有利に働くことになるでしょう。

3．契約の見直しについて検討が必要

　貸出取引においては、ほとんどの場合、利息や遅延損害金に適用され
る利率は約定により定められていると考えられますが、貸出取引以外の
取引においては、金融機関が締結する契約であっても、相手方の金銭債
務の不履行があった場合における遅延損害金の利率が定められていない
ことがあり得ます。その場合には、債権ごとに、いつの時点で遅滞に陥
ったかによって適用される利率が異なり得ることになり、債権管理が困
難となるといった問題が生じる可能性があります。また、当面は現行民
法よりも低い水準の遅延損害金しか取れないことになります。そのよう
な観点から、契約の見直しが必要ないか検討する必要があるでしょう。

第2章　預金取引に生じる影響

⑨ 法定利率の変動の仕組み

法定利率が変動利率になるとのことですが、法定利率はどのように変動するのでしょうか。

ポイント

・改正民法は、法定利率を、市中金利から求められる指標の変動に合わせて緩やかに上下させる「緩やかな変動制」を採用しています。

法定利率は、日本銀行の発表する国内銀行における短期貸付けの貸出約定平均金利（新規）の5年間の平均値を基準割合として、法定利率の変動があった直近の期（改正民法施行後最初の変動があるまでは、施行後最初の期）の基準割合と当期における基準割合との差が1％以上となった場合に、1％単位で変動することとされています。

解説

1. 変動制の採用

Q8でも述べたとおり、改正民法は、現状の市中金利の水準を考慮して、法定利率を当面3％としました（改正民法404条2項）。また、今後も市中金利は大きく変動することも考えられることから、法定利率と市中金利が大きくかい離することを防止するために、法定利率が市中金利に連動して変動する仕組みが規定されました（同法404条3項～5項）。

ただし、法定利率が市中金利の短期的あるいは微細な変動に連動して

49

頻繁に変動すると、それに対応するための社会的コストも非常に大きくなることが想定されます。そのため、改正民法は、金利の一般的動向を示す一定の数値を指標とし、その数値が大きく変動した場合に、法定利率をその変動に合わせて緩やかに上下させる「緩やかな変動制」を採用しました（一問一答・81頁）。

2．変動の仕組み

（1）変動の周期

　法定利率は、3年を1期とし、1期ごとに変動します（改正民法404条3項）。

（2）変動の指標

　法定利率は、「基準割合」に連動して変動することとされています（改正民法404条4項）。「基準割合」の定義は改正民法404条5項に定められており、日本銀行の発表する国内銀行における短期貸付けの貸出約定平均金利（新規）を指標として決定されます。具体的には、「基準割合」とは、3年を1期とする各期の初日の属する年の6年前の年の1月から前々年の12月までの60カ月の短期貸付けの平均利率の合計を60で除して計算した割合（0.1％未満の端数は切り捨て）として法務大臣が告示するものをいいます。5年間の平均値を用いることで、市中金利の突発的・短期的な変動に連動して法定利率の数値が大きく変動することを避けることが意図されています（一問一答・84頁）。

（3）基準割合に応じた変動の仕組み

　法定利率は、（2）で述べた基準割合の変動に応じて、以下で説明す

るように変動します（改正民法404条4項）。

　法定利率は、直近変動期（法定利率の数値に実際に変動があった期のうち直近のものをいいます。ただし、改正民法施行後最初の変動があるまでは、施行後最初の期をいいます）の基準割合と当期における基準割合との差に相当する割合（ただし、1％未満の端数は切り捨てます）を、直近変動期における法定利率に加算し、または減算することにより定まります。

　すなわち、法定利率は、法定利率の変動があった直近の期（改正民法施行後最初の変動があるまでは、施行後最初の期）の基準割合と当期における基準割合との差が1％以上となった場合に、1％単位で変動することになります。

（4）具体的な例

　例えば、改正民法施行後最初の期を第1期として、その後の仮定の基準割合を置いた場合の法定利率の変動は以下のようになります。

期	1	2	3	4	5
基準割合	0.5%	0.3%	1.3%	1.6%	2.5%
法定利率	3％	3％	3％	4％	4％

　第2期と第3期の間に基準割合は1％上昇していますが、直近変動期である第1期の基準割合0.5％と比較すると1％の差が生じていないため、第3期においては法定利率の変動は生じません。第4期で第1期と比較して1％以上上昇したことにより、法定利率が4％へと変動します。以降は第4期が直近変動期として比較の対象となります。第5期の基準割合は2.5％と第1期及び第2期と比較して2％以上上昇していますが、第4期と比較すると1％以上の変動が生じていませんので、変動利率は4％のままとなります。

51

預金口座への振込による弁済の効力に関する改正

預金口座への振込による弁済の効力について、改正民法はどのように規定していますか。

ポイント

・改正民法においては、預金口座への振込による弁済の効力は、債権者が預金債権を取得した時に生じることが規定されました。

A 改正民法においては、預金口座への振込による弁済の効力は、債権者が預金債権を取得した時に生じることが規定されました。なお、イ．債権者がいつ預金債権を取得するか、ロ．いかなる場合に預金口座への振込による弁済が認められるか、ハ．どの預金口座への振込によって弁済をすることができるのか、については引き続き解釈に委ねられていることに注意する必要があります。

解説

1．現行民法とその下での実務

現行民法においては、預金口座への振込による弁済に関するルールについては規定が設けられていませんでした。そのため、かかる弁済の効力がいつ生じるかなどの点については解釈に委ねられていました。

2．改正民法下で想定される実務

（1）預金口座への振込による弁済の効力に関する改正内容

　前述のとおり、現行民法においては、預金口座への振込による弁済に関するルールについては規定が設けられていませんでしたが、現代では多くの金銭債務の決済が預金口座への振込によって行われていることを踏まえ、その基本的な法律関係を明確化することを目的として、改正民法においては、預金口座への振込による弁済の効力は、債権者が預金債権を取得した時に生じることが規定されました（改正民法477条）。

（2）実務への影響

　前述のとおり、改正民法においては、預金口座への振込による弁済の効力が生じる時期は債権者による預金債権の取得時であることが明確化されました。

　もっとも、

　イ．債権者がいつ預金債権を取得するか

　ロ．いかなる場合に預金口座への振込による弁済が認められるのか

　ハ．どの預金口座への振込によって弁済をすることができるのか

という論点については、改正民法においても具体的な規定は置かれていません。これらの論点については、改正民法下でも引き続き解釈に委ねられており、改正民法の成立が直接影響を及ぼすわけではありません。

　したがって、民法改正の実務への影響は限定的と考えられます。

3．営業店窓口での留意点

　改正民法下でも、イ．債権者がいつ預金債権を取得するか、について

は解釈に委ねられていますので、預金債権の取得時（ひいては弁済の効力の発生時）が振込先の金融機関における入金記帳時であるか、それとも他の時点であるかは明確ではないことに留意する必要があります。

また、ロ．いかなる場合に預金口座への振込による弁済が認められるか、ハ．どの預金口座への振込によって弁済をすることができるのか、については、当事者間において預金口座への振込による弁済を行う合意がない場合であっても、債務者が偶々知っていた債権者の預金口座への振込を行えば弁済の効力が認められるか、あるいは債務者が指定されていた預金口座とは異なる別の預金口座への振込を行った場合に弁済の効力が認められるか、という点が主に問題となります。この点についても、条文において明確な規定はなされておらず解釈に委ねられていますので、当事者間において預金口座への振込によって弁済をする旨の合意がなされていない場合であっても、個別事情によってはかかる弁済が認められる可能性が否定されたわけではないことに留意する必要があります。

債権の準占有者に対する弁済に関する改正

誤って第三者に対して行った預金の払戻しが有効と認められる要件が明確化されたとのことですが、その内容を教えてください。

ポイント

・改正民法では、受領権者以外の者に対する弁済の効力が認められるための規定の文言が変更されましたが、現行民法からの実質的な変更はありません。

A 改正民法478条では、明確化の観点から、現行民法478条の「債権の準占有者」が「受領権者以外の者であって取引上の社会通念に照らして受領権者としての外観を有するもの」に変更されました。もっとも、実質的には現行民法からの変更はありません。

解説

1．現行民法とその下での実務

現行民法478条は、弁済の受領権限を有する者以外の者に対してなされた弁済について、「債権の準占有者に対してした弁済は、その弁済をした者が善意であり、かつ、過失がなかったときに限り、その効力を有する」と規定しています。同条の「債権の準占有者」については、「取引観念上、真実の債権者らしい外観を有する者」などと解されており、「善意」とは弁済を受けた者が弁済の受領権限を有しないことを知らな

いことを言います。

　金融機関との関係で言えば、特に、金融機関が権限のない者に対して預金の払戻しを行ってしまった場合に、当該払戻しに同法478条が適用されるか否かが問題とされることがあります。

　例えば、預金通帳と届出印を持参して預金の払戻しを受けた者が実際には預金の払戻しを請求する権限を有しなかった場合に、同法478条により当該払戻しが有効と認められるかが争われるケースです。そのようなケースにおいては、主に、金融機関の「過失」の有無が問題となることが多く、例えば金融機関が払戻請求書の印影と届出印の印影との同一性を相当の注意をもって確認していたか、あるいは払戻請求者の受領権限について疑いを抱くに足りる事情があったにもかかわらず漫然と払い戻していたのではないか、などの事情が問題とされます。

　なお、一般的には、金融機関の預金規定には、金融機関が相当の注意をもって印鑑照合を行った場合には、金融機関は預金払戻しに係る書類の偽造変造等の事故によって生じた損害について免責される旨の免責規定が定められていますが、当該免責規定は同法478条を具体化したものにすぎず、金融機関が受領権限を有する者以外の者に対して預金の払戻しをした場合に免責されるためには、同法478条による免責が認められる必要があると解されています。

2．改正民法下で想定される実務

（1）用語の変更

　現行民法478条の「債権の準占有者」という文言については、用語として分かりにくいという指摘があったことから、改正民法478条は、これを「受領権者（債権者及び法令の規定又は当事者の意思表示によって弁

済を受領する権限を付与された第三者をいう。以下同じ）以外の者であって取引上の社会通念に照らして受領権者としての外観を有するもの」と変更しました。しかしながら、改正民法478条は現行民法478条の内容を実質的に維持するものとされています。

（2）実務への影響

　改正民法478条は現行民法478条の内容を実質的に維持するものですので、民法改正の実務への影響は基本的にないと考えられます。

3．営業店窓口での留意点

　改正民法下でも、預金の払戻しを受ける権限を有しない者に対して預金の払戻しをした場合において、当該預金の払戻しが有効と認められて金融機関が免責されるためには、引き続き、金融機関が善意無過失であること、つまり、預金の払戻しを受けた者がその権限を有しないことについて金融機関が知らなかったことはもちろん、そのことについて過失がなかったことが必要となります。

　営業店窓口の担当者としては、払戻請求者が預金通帳および届出印を所持しているからといって漫然と払戻しに応じるのではなく、業務上相当の注意をもって払戻請求書の印影と届出印の印影との同一性を確認するとともに、払戻請求者の受領権限について疑いを抱くに足りる特段の事情がないかについて注意する必要があります。

⑫ 定期預金の期限前解約に関する改正

定期預金の期限前解約について民法改正によって何か影響があるのでしょうか。

ポイント

・改正民法下でも、期限前解約を禁止する特約があれば、預金者は金融機関の承諾なく定期預金の期限前解約をすることはできないと考えられます。

A 定期預金の期限前解約について民法改正による影響は基本的になく、期限前解約を禁止する特約があれば、預金者は金融機関の承諾なく定期預金の期限前解約をすることはできないと考えられます。

解説

1．現行民法とその下での実務

定期預金については、定期預金規定上、預金者は金融機関の承諾なく期限前解約をすることができない旨の特約が規定され、その代わりに普通預金よりも高い金利が付されることが一般的です。

この点、預金契約の法的性質は消費寄託契約（受寄者が契約により寄託物を消費することができる寄託契約）であると解されているところ、現行民法では、消費寄託については、原則として消費貸借に関する規定が準用されていました（現行民法666条1項）。

58

第2章　預金取引に生じる影響

そして、確定期限の定めがある消費貸借については、その期限の到来までは貸主が返還を請求することはできないと解されていることから、当該特約の有効性については特に疑義が生じていませんでした。

２．改正民法下で想定される実務

（１）定期預金の期限前解約に関する改正内容

改正民法においては、理論的整合性の観点から、消費寄託については原則として（消費貸借に関する規定ではなく）寄託に関する規定が適用されることになりました（改正民法666条参照）。

（２）実務への影響

前述のとおり、民法改正により、消費寄託については原則として寄託に関する規定が適用されることになっているところ、寄託については、寄託物の返還時期を定めたときであっても、寄託者はいつでもその返還を請求することができるとされています（改正民法662条１項）。

そのため、預金者から定期預金の期限前解約請求があった場合、金融機関はこれを拒絶できないのではないか（定期預金規定において預金者は金融機関の承諾なく期限前解約をすることができない旨の特約を設けても当該特約は無効ではないか）が問題となります。

しかし、改正民法662条１項はあくまでも任意規定であり、当事者間でこれと異なる合意をすることは可能と考えられます。定期預金規定は一般的には定型約款と考えられますので、定型約款を契約の内容とする旨が相手方にあらかじめ表示されていれば定型約款の内容が契約の内容となります（同法548条の２第１項２号）（定型約款につき詳細はQ２をご参照ください）。したがって、定期預金規定上、預金者は金融機関の承諾

59

なく期限前解約をすることができない旨の特約が設けられていれば、当
該特約により定期預金の期限前解約をすることはできないと考えられま
す。

　以上のとおり、定期預金の期限前解約に関し、民法改正の実務への影
響は基本的にないと考えられます。

3．営業店窓口での留意点

　改正民法下においても、預金者は金融機関の承諾なく定期預金の期限
前解約をすることはできないと考えられますので、営業店窓口ではこれ
を前提に対応すればよいことになります。

第2章　預金取引に生じる影響

預金債権の債権譲渡

　預金者が金融機関の承諾なく預金債権を譲渡してしまうことはありえますか。

ポイント

・改正民法では、債権譲渡を禁止または制限する特約がある場合について、預貯金債権に関する特別の規定が設けられています。
・預貯金債権については、改正民法でも現行民法と同様の取扱いがなされることとされています。

A　改正民法では、預貯金債権については、債権の譲受人が債権譲渡を禁止または制限する特約があることを知っていた、または知らなかったことに重大な過失がある場合には、当該債権譲渡は無効とされています。一般的には預金者が金融機関の承諾なく預金債権を譲渡してしまうことを心配する必要はないでしょう。

解説

1．現行民法とその下での実務

　現行民法下では、預金債権を含む債権一般について、その性質が許さない場合を除いて原則譲渡することができるとされています。しかしながら、金融機関に対して顧客が有する預金債権が自由に譲渡されると、多くの顧客に対して迅速に払戻しを行う必要がある金融機関としては、

誰に対して払戻しを行えばよいのか確認するのに大変な事務負担が生じますし、顧客に対する貸付との関係で金融機関の相殺の利益を保全することができなくなれば貸付債権の保全に重大な影響が及ぶことになります。

　そこで、金融機関に対する預金債権については、一般的に、預金規定などにおいて、譲渡禁止特約、つまり預貯金債権の譲渡を禁止する旨の特約が付されています。

　現行民法では、譲渡禁止特約の付いた債権を譲り受けた第三者が譲渡禁止特約のあることを知っていた場合、または譲渡禁止特約があることを重大な過失によって知らなかった場合には、当該債権譲渡は無効と解されており、債務者は、もともとの債権者が当該債権を保有するものとして扱えば足りる、とされています（現行民法466条2項。なお、「重大な過失」の要件は条文には明記されていませんが、判例によって解釈上必要とされている要件です）。

　判例では、銀行を債務者とする各種の預金債権については一般に譲渡禁止の特約が付されていることは広く知られており、少なくとも銀行取引につき経験のある者にとっては周知の事柄に属するとされています（最高裁昭和48年7月19日判決（民集27巻7号823頁））ので、譲渡禁止特約に反した譲渡がなされても、債務を譲り受けた者の悪意重過失が認められ、金融機関としては、一般的には、もともとの債権者を債権者として取り扱えば足りるものと解されてきました。

２．改正民法下で想定される実務

（１）債権譲渡を禁止する特約に関する改正内容

　改正民法では、債権の譲渡を禁止または制限する特約（同法では、債権の譲渡を禁止する意思表示に加えて債権の譲渡を制限する旨の意思表示をあわせて譲渡制限の意思表示と呼んでいますので、以下、譲渡制限特約と呼びます）に反して行われた譲渡であっても、譲渡自体は有効であると規定し（改正民法466条２項）、一方で、債権の譲受人がかかる特約があることを知っていた、または知らなかったことに重大な過失がある場合には、債務者は譲受人に対する債務の履行を拒むことができると規定しました（同法466条３項）（譲渡制限特約に関する改正については、Q23もご参照ください）。

　これは、ABLなど企業が有する債権を担保として資金を調達する手法が広まる中、譲渡制限特約がかかる資金調達の妨げにならないようにする狙いがあるとされています。

（２）預貯金債権の例外

　ただし、金融機関に対する預貯金債権が、譲渡制限特約に反して譲渡された場合については、改正民法は、現行民法と同様の規定を維持しています。これは、預貯金債権の譲受人が譲渡制限特約があることを知っていた、または知らなかったことに重大な過失がある場合には譲渡は無効である旨を意味するとされており、金融機関が大量の預貯金債権を迅速に払い戻す必要があることや差押債権者等の第三者との関係を明確にする必要があることなどを考慮して、現行民法と同様の取扱いをすることとしたものです。

　したがって、預金債権については、従来と同様、債権の譲受人が譲渡

制限特約があることを知っていた、または知らなかったことに重大な過失がある場合には、当該債権譲渡は無効とされています。前述の判例でも触れられていたとおり、預金債権に譲渡を禁止する特約が付されていることは一般的に広く知られていることですので、一般的には金融機関が預金債権が有効に譲渡されたものとして取り扱われなければならなくなることを心配する必要はないでしょう。

　ただし、譲渡制限特約が付されていても預貯金債権の差押えは有効であることは従来どおりです（改正民法466条の5）。

（3）実務への影響

　上述のとおり、譲渡制限特約があるにもかかわらず譲渡がなされた場合について、預金債権については、改正民法においても、現行民法と同様の取扱いがなされます。そのため、ただちに実務上の影響が生じることはないと考えられます。

第2章　預金取引に生じる影響

為替取引にはどのような影響があるのでしょうか。

ポイント

・為替取引は法的には委任と考えられていますので、改正民法の為替取引への影響を検討するには、委任に関する改正内容を検討する必要があります。

A　今回の改正内容には、金融機関の行う為替取引に直接関係する内容は含まれていないと考えられます。実務にただちに大きな影響が及ぶことはないでしょう。

解説

1．現行民法とその下での実務

　為替取引は、銀行法等に定められた金融機関の固有業務の1つであり、預金、貸出と並ぶ金融機関の3大業務の1つと言われています。実務上も、送金、振込や代金取立などの取引が広く行われています。
　送金、振込や代金取立を法律的に見ると、これらの取引は金融機関に対して送金や振込、代金取立といった業務を委託して行うものであるため、「委任」であると考えられています。したがって、これらの取引については、委任に関する民法の規定が適用されるものと考えられています。

2．改正民法下で想定される実務

（1）委任に関する改正民法の規定

　改正民法では、委任に関して、イ．自己執行義務の規定の新設、ロ．委任の中途終了時の報酬請求権に関する規定の改正、ハ．報酬の支払時期についての規定の改正、ニ．任意解除権に関する規定の改正、といった改正がなされています。その概要は**図表2-2**に示すとおりです。

（2）実務への影響

　今回の改正内容は、金融機関の行う為替取引に直接関係する内容は含まれていないと考えられますので、ただちに実務への影響が生じるとは考えにくいところです。

図表2-2　委任に関する主な改正内容の概要

項目	改正法条項	要件・手続の内容
イ．自己執行義務	644条の2	委任を受けた受任者は原則として再委託はできない
ロ．委任の中途終了時の報酬請求権	648条3項	事務処理の労務に対して報酬が支払われる類型の委任に関して、①委任者の責めに帰することができない事由によって委任事務の履行ができなくなったとき、および②委任が履行の中途で終了したときには、履行した割合に応じて報酬を請求することができる
ハ．報酬の支払時期	648条の2	委任事務の履行による成果に対して報酬が支払われる成果完成型の委任について、成果の引渡が必要な場合には報酬は成果の引渡と同時に支払わなければならない
ニ．任意解除権	651条2項	やむを得ない事由がない限り、相手方に不利な時期に委任を解除した場合や、委任者が報酬以外に受任者の利益にもなる委任を解除した場合には、相手方に生じた損害を賠償しなければならない

第2章 預金取引に生じる影響

 通知の到達時期に関する改正

相手方への通知の到達時期についてどのような改正がされたのでしょうか。

ポイント

・実務上は、通知の到達時期に関する改正が、銀行取引約定書や預金規定などにおいて設けられている「みなし到達規定」に対して影響を及ぼさないかに注意する必要があります。

 改正民法下でも、通知がいつ「到達」したといえるのかについては引き続き解釈に委ねられています。

また、相手方が正当な理由なく通知が到達することを妨げた場合には、その通知は通常到達すべきであった時に到達したものみなす旨の規定が新設されました。

解説

1．現行民法とその下での実務

現行民法においては、隔地者（意思表示の発信と到達との間に時間的隔たりのある者）に対する意思表示については、その通知が相手方に到達した時にその効力が生じるという到達主義が規定されていましたが（現行民法97条1項）、「到達」の意義については規定がありませんでした。この点、「到達」とは、相手方が了知可能な状態に置かれていれば足り

ると解されており、例えば、郵便物が郵便受けに入れられた場合や、同居者がこれを受領した場合には、相手方本人が受領していなくても、到達が認められるとされていました。

また、現行民法においては、相手方が意思表示の効力を生じさせないためにその通知の到達を妨げるような行為を行った場合に、通知の到達の効力が認められるか否かについては規定がありませんでした。

なお、銀行取引約定書や預金規定などでは、相手方の最後の届出住所に通知をした場合には、たとえ通知が延着しまたは到達しなかった場合であっても、通常到達すべき時に到達したものとみなす旨の規定（みなし到達規定）が設けられていることがあります。これらの規定は当事者間では有効と解されてきましたが、第三者との関係では効力を有しないと考えられています。

2. 改正民法下で想定される実務

（1）通知の到達時期に関する改正内容

改正民法においては、隔地者以外の者に対する意思表示の効力発生時期についても到達主義をとることが明記されましたが（改正民法97条1項）、「到達」の意義については規定が設けられず、この点は引き続き解釈に委ねられることになりました。

また、相手方が正当な理由なく意思表示の通知が到達することを妨げたときは、その通知は、通常到達すべきであった時に到達したものとみなす旨の規定が新設されました（同法97条2項）。

なお、現行民法下の裁判例には、意思表示の通知が不在返戻されたケースについて、相手方がその内容を推知することができ、かつ、受取方法の指定によって受領することができた場合には、遅くとも留置期間の

満了時に「到達」があったものと判示するものがありましたが、改正民法下では、このようなケースの場合、到達を「妨げた」ものとして改正民法97条2項が適用されることになるとされています（一問一答・25頁）。

（2）実務への影響

　実務では、銀行取引約定書や預金規定などにおいて、相手方の最後の届出住所に通知をした場合には、たとえ通知が延着または到達しなかった場合であっても、通常到達すべき時に到達したものとみなす旨の規定（みなし到達規定）が設けられることがあります。上述のとおり、これらの規定は当事者間では有効である一方で、第三者との関係では効力を有しないと考えられていますが、改正民法97条2項の新設は、当該規定の効力に影響を与えるものではないとされています。

　したがって、相手方の最後の届出住所に通知をした場合には当該通知は通常到達すべき時に到達したものとみなす旨の規定の効力について、改正民法の規定の影響がただちに及ぶものではないものと考えられ、実務への影響も考えにくいものと思われます。

| コラム |

債権法改正と金融機関

　今般の債権法改正では、契約に関するルールを中心として、現行民法の施行以来、実に120年ぶりとなる大規模な改正が行われました。

　民法、特に債権法に関する学説や裁判例における議論を見ていると、その多くが、金融機関の取引に関連して展開・蓄積されていることが分かります。預金、貸付、為替といった金融機関の主要業務における金融機関の運用は国民の社会生活に大きな影響を及ぼすことから、関連する法律上の論点の帰趨が社会的な関心事となることもしばしばありました。それだけ、金融機関の実務運用と債権法の関係は密接なものであるということが言えます。

　そのため、今般の債権法改正に関する方針が発表されると、金融機関でも債権法の改正に対して大きな関心が寄せられました。全国銀行協会が2007年4月に発表した「銀行取引に係る債権法に関する研究会報告書」は金融機関における債権法改正に関する議論の嚆矢となるものでした。全国銀行協会は、その後も、中間的な論点整理や中間試案に対するパブリックコメントの募集に対して銀行界を代表して積極的に意見を発出しています。また、法制審議会民法（債権法）部会にはメガバンクから委員が推薦・派遣され、金融機関の立場から審議に参加しました。

　今般の改正について、金融機関の立場からは、「全体としても、また金融取引に関しても最終的には歓迎すべき内容にまとまったのではないか」との評価がなされているようです[注]。今般の債権法改正では、Q6で紹

[注] 中原利明「銀行界からみた改正債権法成立までの道程」（金融法務事情2072号）51頁

介したような預貯金債権に特有の規定も設けられていることにも端的に表れているように、金融実務の観点にも配慮がなされていると評価ができるでしょう。その背景には、上述したような金融界からの働きかけがあったと言えます。

第3章

融資取引に生じる影響

　第3章は、民法改正により融資取引に生じる影響について取り上げます。まず初めに、融資取引の基本たる金銭消費貸借契約について「諾成的消費貸借」が認められることとなった点を説明します。その上で、ノーマルな債権回収の形態である弁済を皮切りに、債権譲渡・債務引受、債権者代位権の行使、詐害行為取消権の行使、相殺、連帯債務・連帯保証、消滅時効といった債権の管理・回収の各場面に関わる改正点について説明していきます。

16 金銭消費貸借契約の法的性質

改正民法では、諾成的金銭消費貸借契約が明文で規定されたと聞きました。その内容を教えてください。また、実務に与える影響はあるのでしょうか。

ポイント

・書面で合意すれば金銭の受渡しがなくても金銭消費貸借契約が成立することが明文で定められました。
・金融機関としては借主に対する貸付義務を負うリスクが生じかねないので注意が必要です。

A 従来の実務においても、当事者間の合意のみで金銭消費貸借契約が成立し得るとされていたところ、改正民法では、書面で合意すれば金銭の受渡しがなくても金銭消費貸借契約が成立し、貸主は借主に対して金銭を貸し付けなければならない義務を負うことが明文で規定されました。法改正が各種の金銭消費貸借契約に関する実務に与える影響は小さくなく、念のため契約書を確認することが望ましいと考えられます。

解説

1．現行民法とその下での実務

現行民法587条は「当事者の一方が…返還をすることを約して相手方

から金銭その他の物を受け取ることによって、その効力を生ずる」と規定し、目的物の授受がなされてはじめて消費貸借契約の効力が生じるとしています（いわゆる要物契約）。これに対し、当事者間の合意だけで契約が成立する契約類型を諾成契約といいます。

　現行民法では、諾成契約としての金銭消費貸借についての明文の規定は存在しませんが、学説などにおいては、当事者が合意すれば契約が成立し、当事者の一方が相手方に対し、金銭を貸し付ける義務を負うとすることも可能であると解されてきました（幾代通・弘中俊雄編「新版注釈民法（15）［増補版］」4頁（有斐閣、1997年）4頁）。

２．改正民法下で想定される実務

（１）改正民法における諾成的消費貸借の明文化

　改正民法は、現行民法下においても学説などで論じられてきた諾成的消費貸借契約に関する規定を、明文で設けました。すなわち、改正民法は、イ．消費貸借を要物契約としての消費貸借（改正民法587条）と諾成契約としての消費貸借（同法587条の2）の二本立てにするとともに、ロ．諾成契約としての消費貸借を成立させるためには、消費貸借を書面ですることを要することとしています（同法587条の2第1項）。

（２）融資実務への影響

　このように諾成契約としての消費貸借を明文で規定したことの実際的な意味は、目的物の引渡し前に諾成的に契約が成立し、これによって貸す義務（目的物を引き渡す義務）が貸主に生じるという点にあります。つまり、金銭消費貸借契約書に限らず、書面で、借主に対して金銭を貸し付ける旨の合意がなされれば、金融機関として金銭を貸し付けなけれ

ばならない義務を負いかねないので注意が必要です。

　具体的には、金融機関が従来から用いてきた貸出関連文書について、貸す義務の有無を意識した記載文言の検証が必要になると思われます。

　すなわち、金融実務における金銭消費貸借契約は、通常、金銭消費貸借契約証書という書面を締結することによってされます。それゆえ、金融機関が行う貸付は、書面による金銭消費貸借契約の締結であり、改正民法下では、諾成契約としての金銭消費貸借契約が成立し、契約締結時において「貸す債務」が発生することになるでしょう。

　しかしながら、貸主としては、契約締結後に借主の信用が悪化した場合には、貸付義務の実行を免れたいというニーズがあります。

　この点、改正民法では、目的物の交付より前に当事者の一方が破産手続開始の決定を受けたときは消費貸借契約はその効力を失う旨が規定されています（改正民法587条の2第3項）が、そのような場合に限らず契約成立後に借入人に信用不安が生じた場合には、金融機関において「貸す義務」を免れられるよう、貸付実行の前提条件を契約書に明示しておく必要があります。

　この点、現在の実務においても、シンジケートローン契約等においては、貸付実行の前提条件を契約書上で詳細に規定しているのが一般的です。改正民法下においては、通常の証書貸付についても、そのような条項を設けるべく、ひな型を見直す必要が生ずるものと考えられます。

　他方、消費貸借がその内容を記録した電磁的記録によってされたときも書面によってされたものとみなされることになるとされています（改正民法587条の2第4項）。電子メールなどがこの「電磁的記録」に該当しますので、電子メールで借入の申込みがされ、貸付人が電子メールでかかる申込みを応諾すれば金銭消費貸借が成立し、「貸す債務」が発生することになりますので、注意が必要です。

76

3．書面での合意により貸付義務が生じ得る点に留意を

　これまで、営業店の現場では、金銭消費貸借契約証書の締結と同時に貸付実行義務が生ずるとは考えていなかったものと思われますが、改正民法下においては、このようなルールへと劇的な変更が生じます。融資先の信用不安の場合等には貸付実行義務が発生しないよう、金融機関の本部においてひな形の改正が検討されるものと思われますので、そのひな形を使っていれば、実務上大きな問題は発生しないと思われますが、営業店においても、このようなルールの変更があったことについては、肝に銘じておく必要があるでしょう。

17 貸付実行前の法律関係

貸付実行前に借入人から「借入を受けないことにした」との連絡がありました。どのような対処ができますか。

ポイント

・改正民法は、諾成的消費貸借を明文化する一方、借主は目的物を受け取るまでは契約を解除することができる旨定めました。
・また、解除によって損害を受けた貸主は借主に対してその賠償を請求することができることとされました。

 改正民法では、借主は目的物を受け取るまでは契約を解除することができることとされ、解除によって損害を受けた貸主はその賠償を借主に対して請求することができることとされました。ただ、貸主が損害額を立証しなければならないことから、貸主としてはあらかじめ、解除による損害について損害賠償額の予定の合意をしておくことが考えられます。

解説

1．現行民法とその下での実務

現行民法では、諾成契約としての金銭消費貸借契約についての明文の規定は存在せず、借主が目的物を受け取るまでの間に契約が解除された場合の規定も存在しませんでした。

2．改正民法下で想定される実務

（1）借入実行前の解除による損害賠償の明文化

　改正民法では、諾成契約としての消費貸借契約については、目的物を受け取る前に借主の需要がなくなるといった事態が生じた場合に、必要性がないのに借主に借入を強いるのは不合理であるとの観点から、借主は目的物を受け取るまでは契約を解除することができることとされました（改正民法587条の2第2項前段）。もっとも、このように解除がなされることによって貸主には目的物の調達コスト等の損害が発生することがありうることから、損害を受けた貸主はその賠償を借主に対して請求することができることとされました（同項後段）。

（2）融資実務への影響

　貸主である金融機関が借入人に対して損害賠償を請求する場合、その損害としては調達コスト等の積極損害が考えられますが、この点についてはあくまでも個々の事案における解釈・認定に委ねられており、かつ、当該損害の発生・内容および因果関係の立証責任は貸主である金融機関が負うこととされています。

　そこで、金融機関としては、金銭消費貸借契約において、借入人による貸付の実行前の解除については金融機関の事前承諾を必要とする旨を規定しておくことや、解除による金融機関の損害について、借入人との間で損害賠償額の予定の合意をしておくことが考えられます。

3．損害賠償額の予定の合意をする際の留意点

　貸付実行前に借入人から金銭消費貸借契約を解除される場合に備えて、

貸付人である金融機関としては、上記（2）で述べたような措置を講じることが考えられますが、予定された損害賠償額が過大である場合には、改正民法90条や消費者契約法９条により損害賠償額の予定の合意が無効となる可能性があります。例えば、弁済期までの利息相当額を損害賠償額とすることまでは難しいと解されますし、借入人が消費者である場合には、金融機関としては貸付けを予定していた資金を他の貸付先に流用することができるので、具体的な損害は発生しないものとして損害賠償額の予定の合意が無効となる可能性はより高くなるものと考えられます（一問一答・294頁）。

第3章 融資取引に生じる影響

 期限前弁済における手数料

貸付先が期限前弁済を希望した際の既定の手数料収受について何か影響はありますか。

ポイント

・改正民法は、返還時期の定めの有無にかかわらず、いつでも目的物を返還することができると規定するとともに、貸主は、借主が返還時期の前に返還をしたことによって損害を受けたときは、借主に対してその賠償を請求することができる旨を明文化しました。

従来から期限前弁済の際に既定の手数料を収受することが実務上行われてきたところ、改正民法による影響は大きくはないものと考えられます。

解説

1. 現行民法とその下での実務

現行民法では、消費貸借契約における期限前弁済についての規定は特段存在しませんでしたが、一般論として、期限の利益の放棄について規定する同法136条2項が「期限の利益の放棄によって相手方の利益を害することはできない」旨を規定しています。そして、金融機関が証書貸付を行う場合、期限の利益は借入人と金融機関の双方にあるので、借入人が期限の利益を放棄して期限前弁済をしようとするときは、金融機関

は、返済がなかったら得られたであろう利息を借入人に請求することが
できるとされ、特約のある場合は所定の手数料を請求できるとされてき
ました。また、消費者ローンについては、ほとんどの金融機関が借入人
が期限の利益を放棄して一部および全額の期限前弁済をする場合の具体
的な取扱いや手数料について契約書で定めていました。

このように、金融機関の貸付においては、従来から、期限前弁済の際
には手数料を収受することが実務上行われてきました。

2．改正民法下で想定される実務

（1）期限前弁済における損害賠償の明文化

改正民法は、借主は返還時期の定めのある消費貸借について期限前弁
済をすることができること、およびこれによって貸主に生じた損害を賠
償する義務を負うことを明文化しました（改正民法591条2項、3項）。

もっとも、改正民法においても、借主が返還時期の定めのある消費貸
借について期限前弁済をした場合に貸主に賠償しなければならない損害
の範囲については、あくまでも個々の事案における解釈・認定に委ねら
れており（すなわち、必ずしも返還時期までに生ずべきであった利息相当額
が損害として認められるわけではない）、かつ、当該損害の発生・内容お
よび因果関係の立証責任は貸主が負うこととされています。

（2）融資実務への影響

貸主としては、金銭消費貸借契約において、期限前弁済は貸主の事前
承諾を必要とする旨を規定しておくことや、期限前弁済による貸付人の
損害の賠償について損害賠償額の予定の合意をしておくことが考えられ
ますが、このような運用は従来から行われてきたものであり、改正民法

による影響は大きくはないものと考えられます。

　なお、予定された損害賠償額が過大である場合には、改正民法90条や消費者契約法9条により損害賠償額の予定の合意が無効となる可能性があるので、注意する必要があるでしょう。

3．期限前弁済の手数料を設定する際の留意点

　上記（2）でも述べたとおり、貸付先が期限前弁済を希望した際の既定の手数料収受について、改正民法による影響はほとんどないものと考えられますが、仮に、このような期限前弁済の際の手数料の定めなどがない場合には、金融機関が損害の発生・内容および因果関係の立証責任を負うので、注意が必要です。

19 相続人代表からの弁済

債務者の相続人代表から弁済を受ける際に留意すべきことは何でしょうか。

ポイント

・相続人代表が、被相続人の債務の保証人など弁済をすることについて正当な利益を有する者である場合とそうでない場合とで、弁済の要件や弁済による代位の効果が異なります。
・そのため、相続人代表がどのような立場で弁済しているのか否かに留意する必要があります。

A 相続人代表が弁済をすることについて正当な利益を有する者であるか否かによって弁済の要件が変わってきますので、相続人代表がどのような立場で弁済をするのかについて留意する必要があります。また、相続人代表から弁済を受ける際に用いられてきた免責的債務引受は、改正民法下においては、他の相続人の同意がなくても行うことができるようになりました。

解説

1．現行民法とその下での実務

被相続人が負っていた金銭債務は、債務者たる被相続人の死亡によって、相続開始とともに当然に、各相続人に対して各法定相続分に応じて

84

分割承継されるとするのが判例の立場です。各相続人は、各自その承継
した範囲の債務のみを負担することになり、債権者は、各相続人に対し
てそれぞれの相続分に応じて請求しなければなりません。そのため、相
続人代表が被相続人の連帯保証人であるなど、他の相続人の負担部分の
弁済をすることについて正当な利益を有するような場合であればよいの
ですが、そうでない場合には、その部分については利害関係を有しない
第三者の弁済となり、他の相続人の同意を得る必要があるとされていま
した。

　そこで、金融機関としては、相続債務の処理のために債務引受を利用
することがあります。具体的には、各相続人のうち代表者１名を債務者
として債務引受契約を締結し、以後は、被相続人の債務を引き受けた相
続人の代表者のみを主たる債務者として取り扱うことがあります。この
債務引受については、相続人の代表者が、被相続人の債務を引き受ける
のではなく、各相続人が各法定相続分に応じて分割承継した債務を各相
続人から引き受けることになります。

2．改正民法下での実務

　改正民法では、第三者による弁済について、正当な利益を有しない第
三者による弁済で債務者の意思に反するものであっても、債権者が債務
者の意思に反することを知らなかった場合には、当該弁済が有効である
と定められました（改正民法474条３項）。これにより、例えば所在不明
等の理由により債務者の意思が分からない場合であっても、第三者弁済
が有効と認められることになり、現行法下に比べて第三者弁済が有効と
なる余地が大きくなったと考えられます。

　また、改正民法では、現行民法の考え方に沿って、併存的債務引受と

免責的債務引受の要件と効果が明文で定められることになりました（詳しくはQ25で解説しています）。併存的債務引受については、債権者と引受人の契約で有効に成立することとされ、免責的債務引受については、債権者と引受人との契約と債務者への通知でこれを行うことができるようになりました。今後は、他の相続人の同意が得られない場合でも、金融機関は、免責的債務引受の方法により相続人代表に相続債務を集中させたうえで弁済を受けるという処理が容易になったといえます。

3．相続人代表から弁済を受けようとする際の留意点

改正民法によって、第三者による弁済が有効となる余地が広がったとも考えられますが、金融機関としては、相続人代表から弁済を受ける場合に、当該相続人代表者がどのような立場で弁済をするのかを確認する必要があります。また、併存的債務引受および免責的債務引受が成立するための要件として、他の相続人からの同意は必要とはされなくなりましたが、紛争予防の観点からは、引き続き他の相続人の同意を得ているか否かを確認することが望ましいといえます。

20 弁済による代位の効果

弁済による代位の効果について、法改正による影響はありますか。

ポイント

・弁済による代位の効果については、基本的に現行民法の考え方を引き継いでいますが、共同保証人間の代位求償の範囲、代位の付記登記の要否、一部弁済の場合の要件・効果などについて改正による変更があるため注意する必要があります。

A 第三者による弁済によって原債権が当該弁済者に移転すること、原債権と求償権が別の債権であること、原債権と求償権の主従的競合(原債権は求償権を担保する目的で存在しており、原債権がなければ求償できないことをいいます)など、現行民法下の考え方は、基本的に改正民法にも引き継がれます。

もっとも、共同保証人間の代位求償の範囲については、共同保証人のうち一人が保証人に対して債権者に代位するときは、債務者に対する求償権ではなく共同保証人間での求償権となることが明文で規定されました。また、代位の付記登記の要否について、保証人が債務を弁済した後に、債務者から不動産を取得した第三取得者に代位する場合、代位の付記登記をすることは不要となりました。

一部弁済の要件・効果については、一部弁済者が代位権を行使するためには債権者の同意を要するとされ、抵当権に限らず債権の担保の目的となった財産の売却代金等について、債権者が一部弁済者に優先することが明文で定められました。

解説

1．弁済による代位の効果

(1) 現行民法の規定

　債務者以外の第三者が債務の弁済を行った場合や保証債務の履行があった場合、弁済者は、債権者が元々持っていた担保権等の権利を取得して、これを債務者（主債務者）に対して行使することが認められています。これを「弁済による代位」といい、民法499条から502条がこれに関する規定を設けていました。

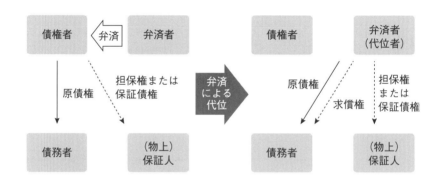

(2) 改正民法の規定

①共同保証人間の代位求償の範囲

　例えば、債務者Aの負担する債務について、連帯保証人Bと連帯保証人Cが保証していた場合に、BとCの間に何の合意もなければ、Bは保証債務を履行することにより、債務者Aに対する求償権を取得するとともに、弁済による代位によって、Cに対する連帯保証債権を行使することが認められます。この連帯保証債権の行使可能な範囲について現行民法では明文の規定がありませんでしたが、改正民法では、このような共

同保証人間での代位求償について、弁済者による代位を認めたうえで、その上限を債務者に対する求償権でなく共同保証人間の求償権とすることが明文で定められました（改正民法501条2項括弧書き）。

　上記の具体例でいえば、代位によってBがCに対して行使できる連帯保証債権の割合も2分の1となることになります。

②代位の付記登記の要否

　現行民法においては、債務者が自己の不動産に抵当権等の担保を設定し、保証人がその債務を保証しているケースにおいて、保証人が債務を弁済した場合は、保証人の弁済後に第三取得者が当該不動産を取得して所有権移転登記を備える前に「あらかじめ」、担保権の登記に代位の付記登記をしなければ、第三取得者に対して、債権者に代位することができないとされています（現行民法501条1号）。

　しかしながら、不動産の売買においては、担保権などの登記を抹消した上で売買が実行されることが通常であるため、付記登記がないからといって債権が消滅したと第三者が信頼するか否かは疑問であり、また、抵当権付債権が譲渡された場合、代位の付記登記が対抗要件とされていないこととの均衡から、付記登記が要件から削除されることになりました。この改正によって、例えば保証人が代位弁済した場合、その保証人は、付記登記がなくても、他に担保権の承継を証する公文書を提出することができれば、第三取得者に対して担保権を実行することができることになります。

③その他

　改正民法では、現行民法において定義のなかった「第三取得者」（現行民法501条）の範囲について、第三取得者から担保の目的となっている財産を譲り受けた者は第三取得者、物上保証人から取得した者は物上保証人と、それぞれみなすことが明文で定められました（改正民法501条

3項5号)。

　なお、保証人または物上保証人が複数人いる場合において、保証人兼物上保証人がいるときこの者を1名として扱うか否かという問題については、明文化は見送られました。

2．一部弁済による代位の要件・効果

（1）現行民法の規定

　現行民法下においては、判例により、債権の一部について代位弁済をした場合、代位弁済者は、単独で抵当権の実行をすることができるとされていました。しかしながら、債権者にとっては、不利な時期に債権回収を強いられるようになることや、担保権の不可分性に反するといった批判があり、実務においても、特約により代位者の権利制限が合意されている場合が多くみられていました。

（2）改正民法の規定

　改正民法では、従来の判例の考え方を変更し、本来の権利者である債権者の利益を優先させ、債権の一部について代位弁済があった場合には、代位権者は、債権者とともに、その権利を行使することができるようになりました（改正民法502条1項）。この場合も債権者は、単独で権利を行使することができ、債権者が行使する権利は、その債権の担保の目的となっている財産の売却代金その他の当該権利の行使によって得られる金銭について、代位者が行使する権利に優先するものとされています（同法502条2項、3項）。

　なお、判例法理は抵当権に関するものでしたが、改正民法では抵当権の実行の場合を超えて一般化しています。

（3）実務への影響

　現在、金融機関で用いられている保証書や抵当権設定契約書においては、保証人が代位権を行使した場合、代位によって取得した権利は、債務者の取引継続中は金融機関の同意がなければ行使できないなどとする、いわゆる代位権行使制限特約が定められています。この代位権行使制限特約は、債権の一部について代位弁済があったときは債権者の同意を得て、債権者とともに代位する（改正民法502条1項）、債権者が行使する権利は、当該権利の行使によって得られる金銭について、代位者が行使する権利に優先する（同条3項）といった、上記（2）で述べた改正の内容を含むものであり、代位権行使制限特約が適用される取引については改正による影響は少ないと考えられます。

3．営業店窓口での留意点

　弁済による代位の効果に関して、営業店窓口の実務に与える影響は大きくないと思われますが、共同保証人間の代位求償の範囲など変更された点もあるほか、保証人が一部弁済をして代位権を行使した場合においては、債権者とともに代位権を行使しなければならないなど、代位権行使制限特約の有無によっては、対応がこれまでの実務と異なる点もあることから、当該条項の有無について確認する必要があるでしょう。

㉑ 担保保存義務

貸付先から一部弁済や担保変更等を受けようとする場合の留意点について、法改正を踏まえて教えてください。

ポイント

・改正民法においては、債権者による担保保存義務に関して、取引上の社会通念に照らして合理的な理由があると認められるときは、法定代位権者の責任の減免を認めないことが明文で定められました。
・現行法下でも、実務では、担保保存義務免除の特約が締結されていることから、金融実務に与える直接的な影響は大きくないといえます。

A 　一部弁済を受けた後の担保の一部解除や担保の変更について、債権者の担保保存義務に違反しないかという問題が考えられます。改正民法により、債権者による担保保存義務の範囲が限定され、債権者が担保を喪失し、または減少させたことについて「取引上の社会通念に照らして合理的な理由があると認められるとき」は、法定代位権者の責任は減免されないこととなりました。もっとも、金融機関の実務では保証契約や担保設定契約において担保保存義務免除特約を締結している場合が多く、その有効性や限界については現行民法の考え方が基本的に維持されると考えられます。

92

第3章 融資取引に生じる影響

| 解説 |

1. 現行民法とその下での実務

現行民法504条は、債権者の担保保存義務について規定しており、債権者が故意または過失によって、担保を喪失または減少させた場合、これによって償還を受けられなくなった限度において、代位権者は責任を免れる旨を定めています。

金融取引においては、債務者の経営状況の変化等に伴い、担保の差替えや一部解除の要請が行われることがあるところ、担保の差替えや一部解除は形式的には担保の喪失または減少に該当するため、この要請が合理的なものであったとしても、債権者としては法定代位者全員の個別の同意を得ない限り、債務者からの要請に応じることができず、時宜に応じた円滑な取引を行えないという不利益がありました。

このような不都合を避けるため、金融実務では、保証契約や担保設定契約においてあらかじめ担保保存義務を免除する特約、すなわち金融機関の都合によって、担保が変更、解除されても、保証人等は免責を主張しない旨の特約を締結していました。このような特約は原則として有効であるとされているものの、判例上、債権者が特約の効力を主張することが信義則に違反する場合もあるとされていることから、金融機関としてはこのような特約が締結されていても、できるだけ他の保証人や担保提供者からの同意を取得するという運用が行われていました。

93

2．改正民法下で想定される実務

（1）合理的な理由がある場合の担保保存義務違反の効果

　改正民法では、担保の喪失または減少について、「取引上の社会通念に照らして合理的な理由があると認められる」場合には、担保保存義務違反の効果が発生しないことが定められました（改正民法504条2項）。これは、担保保存義務の趣旨は法定代位権者による代位の期待の保護であり、これに反しない場合には免責の効果を生じさせる必要がないという考慮に基づくものです。

（2）実務への影響

　改正民法により、取引上の社会通念に照らして合理的な理由があると認められるときに、免責の効果は生じないこととされました。例えば、経営者の交替に伴って保証人が旧経営者から新経営者に交替する事例や、抵当権を設定している不動産を適正価格で売却し、その代金を債務の弁済に充てることを前提に、その抵当権を抹消する事例などについては、個別具体的な事情によるものの、合理的な理由が認められるのではないかと考えられます（一問一答・198頁）。

　今後は、どのような事由があれば、合理的な理由が認められるかといった具体的事例の集積が待たれるところです。

　なお、金融実務で広く用いられている担保保存義務免除の特約については、改正によっても、引き続きその効力が認められるとともに、その効力の限界に関する上記判例も維持されると考えられます。

3．営業店窓口での留意点

　金融実務では、これまでも担保保存義務免除の特約が締結されていた
ものと考えられることから、改正により実務に大きな影響はないといえ
ます。相当額の弁済を受けたうえでの担保の解除か、担保価値が著しく
減少しない程度の担保の差替えか、などの検討は今後も必要と考えられ
ます。

22 債権譲渡全般

債権譲渡については、どのような改正がされたのでしょうか。

ポイント

・債権譲渡に関するルールについて、譲渡禁止特約の効力を中心に、重要な改正がなされました。営業店においても概要を把握しておくべきでしょう。

A 譲渡禁止特約の効力を大幅に限定する改正がなされたほか、異議を留めない承諾の抗弁切断効を廃止し、将来債権譲渡が有効であることを明文化する、といった改正がなされました。

解説

債権譲渡に関しては、細かい点も含めて種々の改正がなされていますが、以下では、営業店として把握しておくべき改正点のうち、譲渡禁止特約の効力についての改正と、将来債権譲渡についての改正についてご紹介します。異議を留めない承諾の抗弁切断効の廃止も重要な改正ですが、この点はQ24で解説します。

1．現行民法とその下での実務

（1） 譲渡禁止特約

　現行民法は、譲渡禁止特約を有効とし、これが、債権の担保としての取得や、債権のいわゆる流動化取引にとって足かせとなっている面が否定できない部分がありました。

（2） 将来債権の譲渡

　将来債権の譲渡とは、将来発生する債権を売買等によって譲渡し、またはこれを担保に供する目的で譲渡することをいいますが、現行民法では、将来債権の譲渡が可能であることは条文上は明確ではありませんでした。判例は、かつては譲渡が可能な範囲を制限的に解していましたが、その後、将来債権の譲渡を広く認めるに至っています。

2．改正民法の定め

（1） 譲渡制限特約に関する改正

　改正民法では、譲渡制限特約（現行民法における「譲渡禁止特約」とは異なるものであることを示すために用語が変更されたものと考えられます）がなされたとしても、債権譲渡は有効であるものとされました（改正民法466条2項）。これは、現行民法における上記ルールを完全に塗り替えるもので、この新しいルールの内容を理解する必要があります（Q23をご参照ください）。

　もっとも、従来、譲渡禁止特約が付される典型例であった預貯金債権については、現行民法のルールが維持され、預貯金債権について譲渡制限特約が付されていた場合にその預貯金債権が譲渡されたときは、悪

意・重過失の譲受人との関係では譲渡が無効であることとされています（改正民法466条の5第1項）。

（2）将来債権の譲渡が可能であることについての規定の新設

　改正民法では、将来債権の譲渡が可能であることを明らかにする旨の規定を新設し（改正民法466条の6）、既発生の債権の譲渡と同様の方法によって対抗要件を具備することができる旨を明文化しました（同法467条）。また、将来債権の譲渡がなされた場合、債権が発生したときに当然に譲受人が債権を取得する旨が明文で規定されました（同法466条の6第2項）。

3．債権譲渡については重要なルールの変更があることに留意を

　譲渡制限特約に関する改正をはじめ、債権譲渡については大きなルールの改正があったことから、その概要については、営業店においても把握しておくことが望まれるところです。

第3章　融資取引に生じる影響

 譲渡禁止特約

譲渡禁止特約の効力が変わったということですが、その内容を教えてください。

ポイント

・譲渡禁止特約につき、大幅な改正がなされました。
・もっとも、預貯金債権については、現行民法下のルールが維持されました。

A　現行民法では広く譲渡禁止特約の効力が認められているのに対して、改正民法では、今までの譲渡「禁止」特約とは異なる譲渡「制限」特約という用語が用いられるとともに、特約の効力が限定的なものとされました。

解説

1．現行民法とその下での実務

　現行民法では、債権について、譲渡可能ということが原則とされつつも（現行民法466条1項）、当事者間でこれを禁止する旨の約定をすることによって、これを禁止することが可能とされています（同条2項）。
　以上を前提に、金融機関の実務においては、預貯金債権について譲渡禁止特約が付されています。また、取引実務において、売買基本契約書等において譲渡禁止特約を付することが一般的です。

99

2．改正民法の定め

（1）譲渡制限特約の効力

　以上のような現行民法の規律を改正民法は変更しました。すなわち、当事者が債権の譲渡を禁止し、または制限する旨の意思表示をしたとしても、債権譲渡の効力は妨げられないことを原則としました（改正民法466条2項）。用語としても、現行民法における譲渡「禁止」特約とは性質の異なるものであるという趣旨を込めて譲渡「制限」という用語が使われています。

　その上で、譲渡制限の意思表示につき悪意または重過失の譲受人に対しては、債務者は、債務の履行を拒むことができ、かつ、譲渡人に対する弁済その他債務消滅事由を譲受人に対抗できるものとされます（改正民法466条3項）。

　もっとも、債務者が債務を履行せず、譲受人等の第三者が相当期間を定めて譲渡人への履行の催告をしてもその履行がない場合には、債務者は第三者への債務の履行を拒むことができないものとされます（同条4項）。このことによって、債務者が「譲渡人、譲受人のどちらにも履行しない」という状態は避けられるようになっています。

　上記のルールは、抽象的に説明されるだけでは、やや分かりにくい点があるかと思います。そこで、例を用いて説明すると、次のとおりです。

〈事例解説〉

　A銀行が、B会社に対する貸付の担保として、B会社からC会社への売掛債権を譲渡担保の形式で取得していたが、BからCに対する債権には、譲渡制限特約が付されており、A銀行は、譲渡制限特約の存在を知っていた（悪意であった）とします。この場合、A銀行からCに対して債務履行の請求がなされたとしても、Cは、債務の履行を拒絶すること

ができるとともに、Bに対する弁済その他の債務を消滅させる事由をもってA銀行に対抗することができます（改正民法466条3項）。これに対して、A銀行は、Cに対し、それでは、元の債権者であるBに対して履行しなさい、という催告を相当の期間を定めて行うことができます。その上で、Cが催告に応じてBへの履行をしない場合には、Cは、履行を拒絶する権利を失い、A銀行に債務を履行しなければならないこととなります（同条4項）。

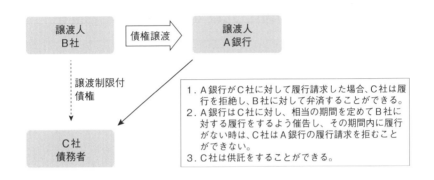

（2）債務者の供託

　債権譲渡が原則として自由とされることに伴って、債務者の地位が不安定化します。そこで改正民法では、譲渡制限付債権が譲渡された場合、債務者は、供託をできるものとされ、債務者としては、供託をすることで二重払いのリスクを回避することができるようになりました（改正民法466条の2）。改正民法においては、譲渡制限特約がなされても債権譲渡は有効であるため（同法466条2項）、債権譲渡がなされた場合、「債権者」は常に譲受人です。その意味で、「債権者不確知」を理由として供託をすることはできないため、条文において、供託を行うことができることが特に明示されています。

（3）預貯金債権の例外

（1）で述べた改正民法の規律につき、預貯金債権はその例外とされ、現行民法下におけるルールが維持されることとなりました（改正民法466条の5）。すなわち、譲渡制限特約が付されている預貯金債権について譲渡がなされた場合、悪意・重過失の譲受人との関係では、譲渡が無効とされます。詳細については、Q13をご参照下さい。

3．譲渡を制限する特約についてのルール変更に留意を

近時、自社の債権（売掛債権など）を譲渡し、または譲渡担保に供することによって資金を調達することが、主として中小企業の資金調達の一手段となってきています。しかしながら、現行民法の下では、債権者と債務者の間で、譲渡制限特約がなされている場合には、このような債権を現金化して資金調達を行おうとする債権者は、債務者の承諾を得た上で債権を譲渡する必要がある一方で、実際には債務者の承諾を得ることができない場合が少なくないとされていました。また、債権を譲り受けようとする側が、債権譲渡が無効となるリスクをおそれることで、当該債権について低い評価しか得られず、調達できる資金額が目減りするというデメリットが存在するとの指摘もありました。

改正民法では、譲渡制限特約が付されても、債権譲渡の効力は有効とされたことによって、これらの問題が解消されることから、債権譲渡を活用した資金調達がより円滑なものとなることが期待されます（以上につき、一問一答・164頁）。

このように譲渡制限特約付きの債権の譲渡についてはルールの内容が大幅に変更されたことにより、金融実務への影響は小さくはないものと言えます。営業店としてもその概要を理解しておく必要があるでしょう。

第3章　融資取引に生じる影響

24 異議をとどめない承諾による抗弁切断制度の廃止

異議をとどめない承諾による抗弁の切断の制度が廃止されたとのことですが、その理由はどのようなものでしょうか。また、実務上の対応としてどのようなものが考えられるでしょうか。

ポイント

・改正民法では、債権譲渡において抗弁の切断が認められるためには、抗弁を放棄する旨の債務者の意思表示を要することとされました。
・実務に与える影響は小さくはないものと思われます。

　　従前から異議をとどめない承諾の効力が過大であるという問題意識が存在していたことを受け、改正民法では異議をとどめない承諾による抗弁の切断の制度が廃止されました。今後の実務上の対応としては、抗弁の切断効が認められるようにするために、債権譲渡への承諾を得る際に、抗弁を放棄する旨を明記した書面を取得するなど、抗弁放棄の意思を債務者から明示的に表示してもらう必要があります。

解説

1．現行民法とその下での実務

現行民法468条1項は、債務者が異議をとどめないで債権の譲渡を承諾したときは、債務者は、譲渡人に対して対抗することができた事由（例えば、譲渡人から債務の一部または全部の免除を受けたとか、譲渡人に

103

対して同時履行の抗弁権を有するといった事由）があっても、これをもって譲受人に対抗することができないとされていました。この「異議をとどめない承諾」は、特に「異議」がない旨を明示する必要はなく、単に留保をつけずに、譲渡の事実の認識を表明すればよいとされていました。このような規定が置かれた趣旨については、債権の流通における取引の安全を図るため等の説明がされていましたが、単に債権が譲渡されたことを認識した旨を債務者が通知しただけで抗弁が切断されるというのは債務者にとっては予測困難な事態であり、債務者保護の観点から妥当でないという指摘も存在していました。

2．改正民法の定め

このような問題意識の下、裁判例においても債務者から異議をとどめない承諾の効力の有無が争われる事例は少なくはありませんでした。

そこで、改正民法においては、このような強力な効果を発生させる制度を廃止しました。その結果、抗弁を譲受人に対抗することができなくなる（抗弁切断効が生じる）のは、抗弁を放棄する旨の債務者の意思表示があった場合に限られることになりました。

3．営業店における留意点

今後、債権譲渡を受ける際に、当該債権に付着している抗弁を切断するためには、抗弁を放棄する旨の明示的な意思表示を債務者から取得する必要があります。実務に与える影響は小さくはないものと思われます。

25 債務引受

債務引受が明文化されたとのことですが、その内容を教えてください。

ポイント

・現行民法には定めのなかった債務引受に関する規定が新たに設けられました。
・現行民法下における判例・実務の理解を反映したものですが、債務を相続した場合の相続人間の処理に債務引受を活用する場合などには、従来より対応可能な余地が拡がったものといえます。

 併存的債務引受、免責的債務引受のそれぞれについて、要件・効果等が明文で定められました。

解説

1．現行民法とその下での実務

現行民法においては、債務引受についての明文の規定は存在しません。しかしながら、実務においては債務引受が行われており、いくつかの判例も存在しています。

債務引受には、大きく分けて、従前の債務者が債務を免れ、新たな債務者が加わる免責的債務引受と、従前の債務者のほかに新たな債務者が加わる併存的債務引受とがあり、双方の実務が発展してきました。

2．改正民法の定め

改正民法では、免責的債務引受、併存的債務引受のそれぞれについて、その要件等を定める明文の規定が設けられました。

（1）免責的債務引受

免責的債務引受は、イ．債権者と引受人となる者の契約、または、ロ．債務者と引受人となる者の契約によりこれを行うことができます（改正民法472条2項、3項）。

イ．の場合には、債権者が債務者に、契約をした旨を通知した時点で債務引受の効力が生じます（同条2項）。また、ロ．の場合には、債権者の承諾が要件となります（同条3項）。

（2）併存的債務引受

併存的債務引受は、イ．債権者と引受人となる者の間の契約（改正民法470条2項）、または、ロ．債務者と引受人となる者の間の契約（同条3項）によりこれを行うことができます。なお、ロ．の場合には、債権者が引受人となる者に対して承諾した時に、債務引受の効力が生じます（同条3項）。併存的債務引受が行われた場合の債務者の債務と引受人の債務は、連帯債務となります（同条1項）。

3．営業店における留意点

実務では、貸金債務の相続事案や金融機関相互の資金決済取引など、さまざまな場面で、債務引受が活用されていると思われます。このうち、貸金債務の相続事案については、相続人代表に免責的債務引受を行って

もらうという処理がなされてきましたが、債務者（この場合は他の相続人）の同意が不要となるため（効力発生要件として債務者への通知は必要）、現行民法下に比して免責的債務引受による相続処理が容易になったといえます（Q19参照）。

　改正民法の規定は現行民法下の判例・学説がほぼ一致している要件・効果等を条文の形にしたものではありますが、このように実務に与える影響も存在すると考えられることから、債務引受について民法に最小限のルールが置かれたことは、知っておいたほうがよいでしょう。

26 債権者代位権に関する改正

改正民法では債権者代位権による債権回収が困難になるおそれがあるとの話を聞きました。法改正の概要について教えてください。

ポイント

・改正民法においては、債権者代位権が行使された場合であっても、債務者が自ら取立てその他の処分をすることが可能とされました。

・これによって、従前は債権者代位権を行使する代位債権者に事実上認められていた優先弁済が受けられる場面が縮小することが想定されます。

A 従来は、判例によって、債権者代位権が行使された旨の通知を受けた債務者はもはや独自に権利行使することはできないとされていましたが、改正民法では債権者代位権が行使された場合であっても債務者が自ら取立てその他の処分をすることは妨げられないこととされ、第三債務者も被代位権利について債務者に対する履行を妨げられないこととされました。また、債権者が債権者代位訴訟を提起した場合には、債務者に対する訴訟告知を行うことが義務付けられました。

解説

1．現行民法とその下での実務

以下の解説においては、登場人物につき、以下の用語を用いることと

第3章　融資取引に生じる影響

します。

「代位債権者」…債権者代位権を行使する債権者

「債務者」　　…代位債権者にとっての債務者

「第三債務者」…債務者にとっての債務者

現行民法では、判例によって、債権者代位権を行使する代位債権者は、第三債務者に対し、被代位権利の目的物である金銭を直接自己に引き渡すよう請求することができるとされ、その結果、代位債権者は受領した金銭の債務者への返還債務と債務者に対する被保全債権とを相殺することによって、債務名義を取得することなく、債務者の有する債権を差し押える場合よりも簡便に、債権回収を図ることができるとされていました。

また、代位債権者が債権者代位権の行使に着手した場合において、代位債権者の権利行使について通知を受けた債務者は、債務者が代位債権者の権利行使について通知を受けるか、または代位債権者の権利行使を知った場合には、もはや債務者独自の訴えを提起することはできず、権利の処分をすることもできないとされていました。そして、債務者による処分が制限されることを前提に、第三債務者が債務者に対して債務の履行をすることもできないとする下級審裁判例も存在していました。

これに対しては、裁判外の通知によって債務者の処分権限が制限されることについて、債務者や第三債務者の地位が不安定になる等の指摘がなされていました。

2．改正民法下で想定される実務

（1）債権者代位に関する改正の概要

　改正民法下では、債権者が債務者の権利を代位行使したからといって、債務者の処分権限がこれによって制限されません（改正民法423条の5）。代位債権者から通知がされようが、債権者代位訴訟が提起されようが、債務者の処分権限には何らの影響もなく、債務者は、第三債務者に対して権利行使することができるし、第三債務者も債務者に対して履行をすることができます。

　また、改正民法では、債権者が訴えによって債権者代位権を行使したときは、遅滞なく、債務者に対し、訴訟告知をしなければならないこととされました（同法423条の6）。

（2）実務への影響

　そのため、債権者代位権を行使しても債務者によって直接の取立てがなされれば、代位債権者として優先的な回収を図ることができなくなります。したがって、改正民法においては、債権者代位権を行使して債権回収を図ろうとするインセンティブは働きにくくなるでしょう。

　また、債権者代位訴訟を提起する場合には、債務者への訴訟告知が義務付けられることとなるため、債権者にとっては、債務者への送達等の負担が生じることになります。

3．債権者代位権については改正の内容に留意を

　債権者代位権の行使については、これまでの取扱いに大きな影響を生じると考えられる改正がなされているので、注意が必要といえます。

27 詐害行為取消権に関する改正

改正民法では詐害行為取消による債権回収が困難になるおそれがあるとの話を聞きました。法改正の概要について教えてください。

ポイント

・改正民法においては、詐害行為取消権の要件について破産法における否認権との整合性がとられ、取消の対象となる行為類型ごとに要件が整理されました。
・詐害行為取消の効力が債務者に及ぶこととされるなど、詐害行為取消権行使の効果が整理されました。
・転得者に対する詐害行為取消について要件が加重されました。

　改正民法では、破産法等における否認権との整合性をとって、取消の対象となる類型ごとに詐害行為取消権の要件の整理が行われるとともに、取消の効力が及ぶ者の範囲が変更され、債務者に対しても及ぶこととされました。

　また、転得者に対する詐害行為取消については転得者のうちの一人でも善意である場合は、詐害行為取消が認められないこととされました。このため、詐害行為取消による債権回収が従来に比べて困難になるおそれがあります。

解説

1．現行民法とその下での実務

　以下の解説においては、登場人物につき、以下の用語を用いることとします。これらの登場人物の関係をイメージとして示したのが、下記のイメージ図となります。
　「取消債権者」…詐害行為取消権を行使する債権者
　「債務者」　　…取消債権者が有する被保全債権の債務者
　「受益者」　　…債務者の行為（詐害行為）の相手方
　「転得者」　　…受益者から詐害行為の目的物を取得した者（その者か
　　　　　　　　　らさらに詐害行為の目的物を取得した者を含む）

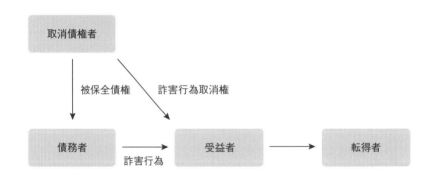

　現行民法は、詐害行為取消の対象となる行為（詐害行為）について、「債権者を害することを知ってした法律行為」（現行民法424条1項本文）という概括的な形でのみ定めています。その上で判例は、詐害行為の成立要件を、債務者が債権者を害する行為をしたこと（客観的要件）と債務者の悪意（主観的要件）とに分けたうえで、財産減少行為のように行為の詐害性が強い場合には債務者の悪意は単なる認識で足り、特定の債

権者にのみ利益を与える行為（偏頗行為）のように行為の詐害性が弱い場合には債務者の悪意は単なる認識のみではない「害意」を必要とするというように、客観的要件と主観的要件とを相関的に考慮して、「債権者を害することを知ってした法律行為」に当たるか否かを判断していると言われていました。

　また、現行民法の下では、判例法理により、詐害行為取消の効果は取消債権者と受益者または転得者との間でのみ相対的に生じ、債務者には及ばないとされており、詐害行為取消訴訟の被告についても、受益者または転得者のみを被告とすれば足り、債務者を被告とする必要はないとされていました。

　そして、転得者に対する詐害行為取消については、判例は、転得者が「債権者を害すべき事実」について悪意である場合には、受益者が善意であっても、転得者に対する詐害行為取消権の行使を認めていました。

2．改正民法下で想定される実務

（1）詐害行為取消権に関する改正の概要

①詐害行為取消の要件

　改正民法では、破産法等における否認権との整合性をとって、取消の対象となる類型ごとに詐害行為取消権の要件の整理が行われています。すなわち、破産法上の否認権については、2004年の破産法の改正によって、いわゆる詐害行為否認と偏頗行為否認とが明確に区別されたうえで、否認権の対象行為の類型ごとに要件・効果等が整備されました。これは、否認権の対象が不明確かつ広範であると、経済的危機に直面した債務者と取引をする相手方が否認権を行使される可能性を意識して萎縮してしまう結果、債務者の資金調達等が阻害され、再建可能性のある債務者が

破綻に追い込まれてしまうおそれがあるという点などを考慮したものとされています。改正民法は、このような破産法の改正における考慮を踏まえて、特定の債権者に対する担保供与等や相当対価での処分行為などの、詐害行為取消の対象となる行為を類型化し、取消の要件を明確化するとともに、限定的な内容のものとしました（改正民法424条〜424条の4。具体的な要件についてはQ28を参照）。このうち、例えば、特定の債権者に対する担保供与等の行為（偏頗行為）については、債務者が支払不能であることに加え、債務者と特定の債権者が通謀して他の債権者を害する意図をもって当該行為が行われたことを立証する必要があるとされました（同法424条の3第1項）。

②詐害行為取消の効果

改正民法は詐害行為取消の効果が債務者に対しても及ぶものとし（改正民法425条）、債務者保護の観点から、債務者に対する訴訟告知が取消債権者に義務付けられることとされました（同法424条の7第2項）。

③転得者に対する詐害行為取消

転得者に対する詐害行為取消については受益者および転得者のうちの一人でも、「債務者がした行為が債権者を害すること」について善意であった場合は、詐害行為取消が認められないこととされました（改正民法424条の5）。

（2）実務への影響

詐害行為取消の要件が明確化されたことによって、取引の相手方が債務超過の場合に、当該相手方との取引が後に取り消されるのではないかという萎縮効果が低減され、取引の安定性が高まることが期待されます。

他方で、偏頗行為（特定の債権者のみを利する行為）について、詐害行為取消の要件として、債務者が支払不能であることを立証しなければな

らないため、取消権行使のハードルが高くなるものと考えられます。また、転得者に対する詐害行為取消においては、受益者および転得者のすべてについて債権者を害することを知っていたことが必要となるので、このような場合には現行民法下に比して取消権行使が認められるケースが限定されるおそれがあります。

3．詐害行為取消権については改正の内容に注意を

　上記のように、詐害行為取消権については、金融機関から見ればその活用を制限する方向で大きな改正がなされたことから、詐害行為取消権の行使を検討する際には現行民法と異なる点が多々存在することを理解しておくことが必要といえるでしょう。

28 改正民法における詐害行為取消の要件

改正民法における詐害行為取消の要件について教えてください。

ポイント

・改正民法においては、詐害行為取消権の要件について破産法上の否認権との整合性がとられ、詐害行為取消の対象となる行為の類型ごとに要件が整理されました。
・偏頗行為に関する詐害行為取消について債務者の支払不能が必要とされました。

A 改正民法では、取消の対象となる行為の類型ごとに詐害行為取消権の要件が定められており、その内容は**図表３−１**のとおりです。これらに加えて、被保全債権が、詐害行為よりも前の原因に基づいて生じた債権であることと、被保全債権が強制執行により実現できる権利であることが各行為類型に共通の要件とされています。

なお、取消権行使の相手方が転得者である場合は、経由した受益者・転得者の全員が、債権者を害することを知っていたことが要件とされることについては、Q27で述べたとおりです。

解説

１．現行民法とその下での実務

現行民法は、条文上、詐害行為取消権行使の要件として、

第3章　融資取引に生じる影響

図表3-1　各類型ごとの要件

一般的な詐害行為	イ．債務者が債権者を害することを知っていたこと ロ．受益者が債権者を害することを知っていたこと ハ．財産権を目的とする行為であること
相当対価処分行為	イ．隠匿等の処分をするおそれを現に生じさせること ロ．債務者が隠匿等の処分をする意思を有していたこと ハ．債務者が隠匿等の処分をする意思を有していたことを受益者が知っていたこと
特定の債権者に対する 担保の供与等	イ．債務者が支払不能である時に行われたこと ロ．債務者と受益者とが通謀して他の債権者を害する意図をもって行われたこと
（1）既存の債務についての担保の供与・債務消滅行為	イ．債務者が支配不能の時に行われたものであること ロ．債務者と受益者とが通謀して他の債権者を害する意図をもって行われたこと
（2）（1）の行為が債務者の義務に属せず、またはその時期が債務者の義務に属しない場合	イ．債務者が支配不能になる前30日以内に行われたこと ロ．債務者と受益者とが通謀して他の債権者を害する意図をもって行われたこと
過大な代物弁済	債務者が債権者を害することを知って過大な代物弁済をしたこと

　　イ．財産権を目的とする法律行為であること

　　ロ．債務者が債権者を害することを知ってした法律行為であること

　　ハ．受益者または転得者も債権者を害することを知っていたこと

を要求していましたが、これらの要件がどのような場合に満たされるかは解釈に委ねられていました。

　このうち、ロ．の「債権者を害することを知ってした法律行為」に当たるか否かについて、裁判例は、行為の詐害性（客観的要件）と債務者の詐害意思（主観的要件）を相関的に考慮して要件を満たすか否かを判断していましたが、詐害行為取消が認められる範囲が不明確かつ広範であるとの指摘がなされていました。

　例えば、特定の債権者に対する弁済については、判例は、原則として詐害行為には当たらず、ただ、債務者が特定の債権者と通謀し、他の債

権者を害する意思をもってその弁済をした場合には詐害行為に当たると
していましたが、これに対しては、2004年の改正後の破産法における否
認権行使の要件（破産者が支払不能になった後または破産手続開始の申立
てがあった後に行われた債務消滅行為のみを否認の対象とし、たとえ債務者
が特定の債権者と通謀し、他の債権者を害する意思をもってその弁済をした
場合であっても、支払不能または破産申立前の行為については否認の対象と
しない）との比較において、平時における一般債権者であれば詐害行為
取消権を行使することができるのに、破産手続開始後における破産管財
人は否認権を行使することができないという逆転現象が生じうるとの指
摘がなされていました。

２．改正民法下で想定される実務

（１）債権者取消の対象行為の類型化

　改正民法は、破産法等の否認権との整合性をとり、取消の対象となる
行為の類型ごとに詐害行為取消権の要件を整理しました（改正民法424条
〜424条の４）。そして、これらの行為類型の全てに共通の要件として、
債権者の債権（被保全債権）が詐害行為より前の原因に基づいて生じた
債権であることと、被保全債権が強制執行により実現することができる
権利であることが必要とされています。

　行為の類型ごとの要件の整理について述べますと、イ．相当対価での
処分行為や、ロ．特定の債権者に対する担保の供与等の偏頗行為、ハ．
過大な代物弁済、ニ．これら以外の債務者の責任財産を減少させるよう
な詐害行為一般といった各種の行為形態を類型化しこれらの行為類型ご
とに要件を定めています。

　このうち、特定の債権者に対する担保の供与等の偏頗行為については、

債権者間の平等を確保すべき実質的根拠が債務者の支払不能 (注) 状態にあることに着目し、弁済その他の債務消滅行為の時点で債務者が支払不能であったことを詐害行為取消権の要件とすることで、破産法における否認権行使との逆転現象を解消し、さらに、主観的要件として、債務者と受益者とが通謀して他の債権者を害する意図をもって行われたことを要求して、破産法の否認権よりも要件を加重しています。

（2）融資実務への影響

このように詐害行為取消権の要件が整理されたことで、詐害行為に該当するか否かの判断を、取引時に、より確実に行うことができるようになり、取引の安全に資するとともに、経済的危機に瀕している債務者にとっての財産処分が容易になるものと考えられます。

3．営業店窓口での留意点

詐害行為取消権の行使要件が限定されたことにより様々な影響があり得ますが、例えば、特定の債権者に対する担保の供与等の偏頗行為の取消を請求する場合には、債務者が支払不能の状態にあったことに加え、債務者と受益者とが通謀して他の債権者を害する意図をもって行われたことを立証する必要があり、従来に比べて立証が困難なケースが増えることが想定されます。詐害行為取消権の行使は訴訟によらなければならないことからも、実際に詐害行為取消権を行使しようとする場合には、専門家とも協議の上で対応することが望ましいと考えられます。

(注)「支払不能」とは、債務者が支払能力を欠くためにその債務のうち弁済期にあるものにつき、一般的かつ継続的に弁済することができない状態をいいます（破産法2条11号）。

119

㉙ 詐害行為取消権行使の効果

詐害行為取消訴訟を提起して勝訴した場合の効果を教えてください。

ポイント

・詐害行為取消の効果が債務者に対しても及ぶことが明文化されました。

・取消債権者は、返還請求の対象が金銭または動産である場合に、直接自己への引渡しを請求できることが明文化されました。

・受益者は債務者に対して反対給付の返還・価格の償還を求めることができるとされました。

A 　改正民法では、詐害行為取消請求訴訟で勝訴した場合、その効力は債務者に対しても及ぶものと改められました。そして、受益者が存在する場合に、受益者は債務者に対して反対給付の返還・価格の償還を求めることができるとされ、債務者がした債務消滅行為が取り消された場合には、受益者が債務者に対して給付の返還・価格の償還をしたときに、受益者の債務者に対する債権は回復することとされました。

解説

1．現行民法とその下での実務

　現行民法425条は、詐害行為取消権の行使の効果は、全ての債権者のためにその効力を生じる旨を規定していますが、債務者に対しては効力が及ばないとするのが判例の立場でした（相対的効力説）。そのため、受

益者が存する場合、受益者は、債務者から取得した財産を債務者に返還したとしても、その財産を取得するためにした反対給付の返還を債務者に対して請求できないと解されてきました。しかし、このような結論は受益者と債務者との公平を欠くことになるとの指摘がなされていました（一問一答・111頁）。他方で、債務者がした債務消滅行為（例えば弁済）が取り消された場合には、受益者の債務者に対する債権が復活するとした裁判例もありますが、債務者に取消の効力が及ばないとする判例の立場と矛盾するという批判が存在していました。

　また、現行民法では、金銭・動産について、取消債権者は受益者に対し、自らへの引渡しを請求できるとされ、金銭の支払を受けた場合にはその引渡債務と自己の債権を相殺することにより事実上の優先弁済を受けることができると解されてきました。

　最後に、取消の範囲について、判例は、逸出財産が不動産のように不可分の場合には、取消債権者が有する債権の額にかかわらず詐害行為の全部の取消を求めることができるとする一方で、逸出財産が金銭または動産のように可分である場合には取消債権者が有する債権の額の限度においてのみ取消を求めることができるとしていました。

2．改正民法下で想定される実務

（1）改正民法による詐害行為取消の効果の変更

　改正民法は、詐害行為取消訴訟で勝訴した場合に、その効力は債務者に対しても及ぶものと定めました（改正民法425条）。他方で、債務者保護の観点から、取消債権者は債務者に対する訴訟告知義務を負うこととされました（同法424条の7第2項）。

　そして、取消の効果が債務者に及ぶこととされた結果、受益者が存在

する場合には、受益者は債務者に対する反対給付の返還・価格の償還を求めることができることとされました（同法425条の2）。また、債務者がした債務消滅行為が取り消された場合には、受益者が債務者に対して給付の返還・価格の償還をすれば、受益者の債務者に対する債権は回復されることとされました（同法425条の3）。

取消債権者は、返還請求の対象が金銭または動産である場合には、直接自己への引渡しを請求できるという判例法理が明文化されました（同法424条の9）。

取消の範囲については、債務者がした行為の目的が可分であるときは、取消債権者は自己の債権の額の限度においてのみ、詐害行為取消権を行使しうることが明文化されました（同法424条の8）。

（2）実務への影響

改正民法において、詐害行為取消権の行使の効果が債務者に及ぶとされたことは、従来のルールを変更するものであり、重要な改正といえます。そして、これに伴い、受益者が債務者に対して反対給付の返還・価格の償還を求めることができることとされるなど、従来の理解を変更するようなルールが明文化されており、今回の改正が実務に与える影響は大きいと考えられます。

3．詐害行為取消権の行使の効果についての改正の影響に留意を

営業店において詐害行為取消権の行使を検討する際には、詐害行為取消権行使の効果を念頭に置いておかなければならないことはいうまでもないことですが、今回の改正が実務に与える影響が大きいことに鑑みれば、専門家とも協議の上で対応することが望ましいと考えられます。

第3章　融資取引に生じる影響

 相殺に関する改正

相殺による貸金債権の回収の局面で法改正の影響はありますか。

ポイント

・改正民法は、差押え後に取得した「差押え前の原因」に基づいて生じた債権（差押え後に取得した他人の債権は除く）をもってする相殺を差押債権者に対抗できることとしました。
・現行民法下における金融実務を前提とする限り、相殺による貸金債権の回収の局面での法改正の実質的な影響はほとんどないと考えられます。

A　相殺に関する法改正の内容は、主として、従来の判例法理を明文化するものであり、現行民法下における金融実務を前提とすれば、相殺による貸金債権の回収に与える実質的な影響はほとんどないといえます。

ただし、法改正により新たに、差押え後に取得した債権であっても、「差押え前の原因」に基づいて生じた債権（差押え後に取得した他人の債権は除く）を自働債権とする相殺が認められたことから、相殺への期待が現行民法以上に保護される余地があると考えられます。

解説

1. 現行民法とその下での実務

　金融機関は、貸金債権の弁済期が到来したのに債務者がこれを弁済しない場合、当該貸金債権と当該債務者に対する預金債務とを相殺する、いわゆる預金相殺により、貸金債権の回収を図ることができます。実務上、金融機関は、取引先との間で、返済の遅滞や信用不安等の一定の事由が発生した場合は、貸金債権について期限の利益を喪失させ、貸金債権と預金債権とを相殺するという内容の相殺予約の特約を結んでいるのが通常です。

　しかし、金融機関に対する貸金債務を弁済することができないような信用力の乏しい債務者は、他にも弁済を滞らせている債務を複数抱えていることが多く、こうした場合には、金融機関により預金相殺が行われる前に、他の債権者から、債務者の預金債権が差し押さえられることがあります。

　預金債権の差押え後に、金融機関が預金債権と貸金債権とを相殺できるかについては、現行民法511条が、「支払の差止めを受けた第三債務者は、その後に取得した債権による相殺をもって差押債権者に対抗することができない」と規定しており、同条の反対解釈として、貸金債権が差押え（具体的には差押命令の送達時）より前に取得されていれば、差押えに優先して相殺権を行使できるとするのが判例の立場です。

　そして、預金債権が定期預金債権であり、その弁済期が貸金債権の弁済期よりも早く到来する場合には、金融機関の将来の相殺に対する期待は保護に値しないとして、金融機関による相殺権の行使を否定する制限説と呼ばれる見解も存在しましたが、最大判昭和45年6月24日民集24巻

６号587頁が、両債権の弁済期の先後にかかわらず相殺をなしうるとする、いわゆる無制限説を採用することを明らかにしてからは、金融実務はこの無制限説を前提に動いてきました。

２．改正民法下で想定される実務

（１）相殺に関する改正内容

①差押えと相殺

　改正民法511条１項は、「差押えを受けた債権の第三債務者は、差押え後に取得した債権による相殺をもって差押債権者に対抗することはできないが、差押え前に取得した債権による相殺をもって対抗することができる」とし、差押えと相殺の優劣について、無制限説に立つ判例の立場を採用することを明らかにしました。

　さらに、同条２項本文は、差押え後に取得した債権についても、それが「差押え前の原因に基づいて生じたもの」であるときは、これを自働債権とする相殺を差押債権者に対抗することができることとしたことから、相殺への期待を現行民法以上に保護するものであるとの指摘がなされています。

　相殺の期待がどこまで保護されるかについては、この「差押え前の原因」が何を指すかによって定まってくるものと考えられ、この点については今後の判例・学説の展開を注視する必要があるといえますが、「差押え前の原因に基づいて生じたもの」としては、例えば、差押え前に締結されていた賃貸借契約を原因として差押え後に生じた賃料債権や、差押え前に主債務者の委託に基づき保証していた場合において差押え後に生じた事後求償権などが想定されます（一問一答・205頁）。

　なお、差押え後に取得した他人の債権をもってする相殺については、

差押え時点での相殺の期待は保護するに値しないため、相殺を認めないこととされています（改正民法511条2項ただし書）。

②債権譲渡と相殺

　債権譲渡と相殺との関係についても、ほぼ同様の改正がなされています。すなわち、改正民法469条は、債権譲渡があった場合に、当該譲渡に係る債務者対抗要件具備時より前に債務者が取得した譲渡人に対する債権をもってする譲渡債権との相殺は、両債権の弁済期の先後を問わず譲受人に対抗できるとするいわゆる無制限説を採用することを明らかにし（同条1項）、また、債務者対抗要件具備時より後に取得した譲渡人に対する債権であっても、「対抗要件具備時より前の原因」に基づいて生じた債権であればこれによる相殺をもって譲受人に対抗できることとしました（同条2項1号）。

　さらに、同法469条2項2号は、債務者対抗要件具備時より後に取得した譲渡人に対する債権のうち、譲渡債権の発生原因である契約に基づいて生じた債権による相殺を譲受人に対抗できることとしたため、相殺と差押えの場合よりも相殺の期待が広く保護されることとなりました。これにより、例えば、将来発生予定の売買代金債権を譲渡する旨の合意がなされ、債務者対抗要件が具備された後にその売買代金債権の発生原因となる売買契約が締結された場合には、その後、その売買契約に基づき生じた損害賠償債権（売買された製品に不具合があった場合の担保責任など）であっても、売買代金債権との相殺が可能となります（一問一答・182頁）。

　ただし、上記①と同様の理由により、債務者対抗要件具備時より後に取得した他人の債権をもってする相殺は認めないこととされています（改正民法469条2項ただし書）。

（2）実務への影響

　改正民法511条1項による無制限説の採用は、従来の実務が従ってきた判例法理を明文化したものにすぎませんので、これによる実務への影響はないと考えられます。

　同法511条2項本文は、相殺できる自働債権の範囲が拡張されるという点では、相殺により貸金債権の回収を図ろうとする金融機関にとっては有利な改正ともいえます。しかし、他方で、この改正は、金融機関が債務者の売掛債権等を差し押さえる場面では、例えば、売買目的物の瑕疵に基づく損害賠償請求債権との相殺を主張されるケースなど、第三債務者からの相殺主張がなされる場面が増加すると思われ、金融機関にとって不利に働くことも考えられます。

3．営業店窓口での留意点

　ここで述べた相殺に関する法改正の内容は、主として、従来の判例法理を明文化するものであり、現行民法下における金融実務を前提とすれば、相殺による貸金債権の回収の局面における実質的な影響はほとんどないといえます。営業店窓口としては、基本的にはこれまでと同様に事務処理していくことで足りるものと考えられます。

31 連帯債権に関する規定の新設と連帯債務の改正点

「連帯債権」に関する規定が新設されたとのことですが、どのような内容でしょうか。また、「連帯債務」に関する改正の概要について教えてください。

ポイント

・改正民法は、従来から解釈によって認められてきた連帯債権の成立要件や効果を明文で規定しました。
・連帯債務については絶対的効力の認められる範囲が現行民法に比して制限されているので、連帯債務についての改正は、債権管理の観点から注意が必要です。

A　改正民法432条は、債権者が複数いる場合に、債務の目的がその性質上不可分である場合を不可分債権とし、性質上可分である場合であって数人が連帯して債権を有する場合を連帯債権として整理しました。

連帯債務については、絶対的効力の認められる範囲が限定されました。現行民法では、連帯債務について絶対的効力が認められるもののうち、「履行の請求」、「免除」及び「時効の完成」は改正民法では相対的効力しか認められなくなりますので、時効の中断のためには連帯債務者の全員に対して訴えの提起などの手段をとる必要があります。

第3章　融資取引に生じる影響

解説

　「連帯債務」に関する改正の概要についてはQ32で述べますので、そちらを参照してください。以下、本設問では、「連帯債権」に関する規定の新設について解説します。

1．現行民法とその下での実務

　現行民法は、同一の債権について複数の債権者がある場合として、分割債権（同法427条）と不可分債権（同法428条、429条、431条）の規定のみを置いており、連帯債権については明文の規定はないものの、連帯債務に対応する概念として下級審裁判例や学説において認められてきました。そこでは、連帯債権は、複数の債権者が債務者に対して有する債権であって、各債権者はそれぞれ独立して全部の給付を請求する権利を有し、そのうちの一人の債権者が全ての債権者のために全部または一部の履行を請求することができ、債務者は、全ての債権者のために各債権者に対して履行することができるとされていました。

　そして、現行民法428条は、債権の目的が性質上可分であっても、当事者の意思表示によってこれを不可分債権にすることができると規定しており、連帯債権と不可分債権の区分が不明確となっていました。

129

2．改正民法下で想定される実務

（1）連帯債権と不可分債権との整理

　そもそも数人の債権者がある場合に生ずる法的効果を合理的に整理する観点からは、不可分債権はその目的が性質上不可分である場合に限り成立するとし、その目的が性質上可分であるが複数の債権者それぞれが全部の履行を請求することを許す債権は連帯債権として取り扱い、各区分に応じた規律を設けるのが分かりやすく適切と考えられます。

　そこで、改正民法は、債権の目的が性質上可分であるか不可分であるかかによって連帯債権と不可分債権を区分し、意思表示によって不可分債権が生じる余地をなくしています。具体的には、改正民法432条は、債権の目的がその性質上可分である場合において、法令の規定または当事者の意思表示によって数人が連帯して債権を有する場合に、数人の債権者は連帯債権を有することとしています。債権の目的が可分なものの例としては複数名に対する金銭の支払を求める債権があげられ、不可分なものの例としては、複数名が共有する建物についてその撤去を求める債権があげられます。

　そのうえで、改正民法は、連帯債権者の一人について生じた事由の効力が他の債権者に及ぶか否かについて規定を設けており、請求、更改、免除、相殺、混同を絶対的効力事由とし（同法432条〜435条）、これらを除いては、連帯債権者の一人の行為または一人に生じた事由は、他の連帯債権者にその効力が及ばないこと（相対的効力事由）としつつ、他の連帯債権者の一人及び債務者が別段の意思を表示したときは当該他の連帯債権者に対する効力はその意思に従うとしています（同法435条の2）。

　他方、不可分債権については、請求と相殺についてのみ絶対的効力が

認められています（同法428条、429条）。

（2）金融実務への影響

　金融取引において連帯債権や不可分債権が発生することは少ないと考えられますので、実務に与える影響は大きくないものと考えられます。

3．営業店窓口での留意点

　金融実務に与える影響は大きくはないものと考えられますが、同一の債権について複数の債権者が存在する場合に関し、連帯債権と不可分債権という区分が設けられたことは知っておくべきでしょう。

32 連帯債務者の一人に対して生じた事由の他の連帯債務者への影響

連帯債務者の一人に対して生じた事由（履行の請求、時効の完成及び債務免除など）は、他の連帯債務者に対してどう影響するのでしょうか。

ポイント

・改正民法では、履行の請求、時効の完成及び債務免除が、他の連帯債務者との関係で、原則として効力を有しないこととなります。特に、履行の請求に対する改正は、連帯債務者の時効管理との関係で大きく影響し得るので、注意が必要です。

　　　改正民法下では、連帯債務者の一人に対して生じた事由について、弁済、更改、相殺、混同は他の連帯債務者との関係でも効力を有しますが、それ以外の事由は効力を有しません。

現行民法下では他の連帯債務者との関係でも効力を有するとされていた履行の請求、時効の完成及び債務免除が、改正民法下では他の連帯債務者との関係で原則として効力を有しないこととされています。特に履行の請求に関する改正は、連帯債務者の時効管理との関係で大きく影響しかねないので、注意が必要です。

解説

1．現行民法とその下での実務

連帯債務とは、複数の債務者が債権者に対して連帯して債務の全部を

履行する義務を負っていて、連帯債務者の一人が履行すれば全員が債権者に対する債務を免れる債務のことをいいます。

金融機関の実務では、住宅ローンにおける夫婦収入合算ローン（いわゆるペアローン）の場合や、会社分割時に分割会社と分割承継会社が併存的債務引受を行う場合などに、連帯債務が生じることになります。

連帯債務者の一人に生じた事由については、他の連帯債務者に影響を及ぼさないもの（相対的効力事由）と影響を及ぼすもの（絶対的効力事由）があります。

現行民法下では、イ．弁済、ロ．履行の請求、ハ．更改、ニ．相殺、ホ．免除、ヘ．混同、ト．時効の完成が絶対的効力事由とされ（現行民法434条ないし439条）、これ以外の事由は相対的効力事由とされておりました（同法440条）。

2．改正民法下で想定される実務

（1）連帯債務者の一人に対して生じた事由の他の連帯債務者への影響についての改正内容

改正民法では、上記のうち、イ．弁済、ハ．更改、ニ．相殺、ヘ．混同が絶対的効力事由とされ（改正民法438条ないし440条）、これ以外の事由は原則として相対的効力事由とされることとなりました（同法441条本文）。なお、相対的効力事由については、当事者の意思表示によって、絶対的効力事由とすることが可能とされています（同法441条ただし書き）。

現行民法と改正点の概略は、**図表3-2**のとおりです（下線を付した箇所が改正点です）。

相対的効力事由に変更されたもののうち、まず履行の請求については、

図表3-2　絶対的効力事由が相対的効力事由となるケース

事由	現行民法	改正民法
弁済	絶対的効力事由	絶対的効力事由
履行の請求	絶対的効力事由（434条）	相対的効力事由※
更改	絶対的効力事由（435条）	絶対的効力事由（438条）
相殺	絶対的効力事由（436条）	絶対的効力事由（439条）
免除	絶対的効力事由（437条）	相対的効力事由※
混同	絶対的効力事由（438条）	絶対的効力事由（440条）
時効の完成	絶対的効力事由（439条）	相対的効力事由※
上記以外	相対的効力事由（440条）	相対的効力事由（441条本文）※

※当事者の意思表示によって、絶対的効力事由化することは可能

　従来、連帯債務者相互に密接な関係がない事例も少なくなく、連帯債務者の一人に対する履行の請求があったとしても、そのことを知らない他の連帯債務者はいつの間にか履行遅滞に陥っているなどといった不測の損害を受けるおそれがあることが考慮され、改正民法では相対的効力事由とされています（同法441条本文）。

　次に、免除については、債務の免除をした債権者において、他の連帯債務者との関係でも債務を免除する意思を有しているとは限らないことから、改正民法では相対的効力事由とされています（同法441条本文）。

　時効の完成については、時効の完成に絶対的効力が認められるとすると、債権者は全ての連帯債務者との関係で消滅時効の完成を阻止する措置をとらなければ、特定の連帯債務者との間でも債権の保全を図ることができず、債権者が大きな負担を負うことになることから、改正民法では相対的効力事由とされています（同法441条本文）（以上につき、一問一答122 ～ 123頁）。

第3章　融資取引に生じる影響

（2）融資実務への影響

　改正民法下で想定される実務との関係では、履行の請求が相対的効力事由とされた点が特に注意が必要と考えられます。

　すなわち、現行民法では、履行の請求は、消滅時効完成の障害事由とされている（現行民法147条1項1号）ところ、金融機関が連帯債務者のうち一人に対して履行の請求（訴訟提起など）をした場合、現行民法下では絶対的効力事由とされていることから、他の連帯債務者との関係でも履行の請求の効力が生じ、消滅時効が中断することとなっていました。

　これに対し、改正民法下では、金融機関は連帯債務者の一人に対して履行の請求（訴訟提起）をしたとしても、他の連帯債務者との関係で原則として履行の請求の効力は生じず、消滅時効の完成を妨げることはできません。つまり、この場合、金融機関は、消滅時効を完成させないようにするためには、全ての連帯債務者に対して履行の請求を行う必要があります。

　そこで、改正民法下では、各連帯債務者ごとに時効管理を区別して行う必要があり、連帯債務者のうち一人が行方不明となったような場合には消滅時効の進行を妨げるのが困難となることも想定されます。そこで、当事者間の合意により、履行の請求（訴訟提起）を絶対的効力事由としておくことが考えられます。

3．営業店窓口での留意点

　連帯債務者の一人に生じた事由のうち、履行の請求、免除、時効の完成については他の連帯債務者に影響を及ぼさないこととされましたが、履行の請求については消滅時効との関係で金融機関に影響が生じうる改正と考えられ、注意が必要です。

135

Q 33 連帯保証人または主たる債務者に生じた事由の効力

主債務者に生じた事由（履行の請求や時効の完成、債務免除など）は、連帯保証人に対してどのように影響するのでしょうか。逆に、連帯保証人に生じた事由は、主債務者に対してどのように影響するのでしょうか。

ポイント

・改正民法では、連帯保証人に対する履行の請求が、主債務者との関係で原則として効力を有しないこととなります。この点が、時効管理との関係で大きく影響し得るので、注意が必要です。

A 改正民法下において、主債務者に生じた事由は、全て連帯保証人との関係でも効力を有します。これに対し、連帯保証人に生じた事由は、債務を満足させるものは主債務者に対しても効力が及びますが、連帯債務に関する民法改正（Q32参照）に伴い、連帯保証人に対する履行の請求が主債務者との関係で原則として効力を有しないこととされた点が、時効管理との関係で大きく影響し得るため、注意が必要です。

解説

1．現行民法とその下での実務

（1）主債務者に生じた事由の連帯保証人に対する効力

連帯保証人は、主債務を担保するための債務を負担しています（これを「保証債務の附従性」といいます）ので、主債務者に生じた事由は、全

136

て連帯保証人との関係でも効力を有します。

　例えば、金融機関が主債務者に対して履行の請求を行い時効が中断された場合、連帯保証人との関係でも時効の中断の効力が生じます（現行民法457条1項）し、主債務者に対して免除をした場合、連帯保証人との関係でも免除の効力が生じます。

（2）連帯保証人に生じた事由の主債務者に対する効力

　これに対し、主債務者は、連帯保証人に附従する立場にはないため、連帯保証人に生じた事由は、原則として主債務者との関係で効力を有さず、現行民法458条で準用されている連帯債務における絶対的効力事由（Q32参照）のみが効力を有します。

　もっとも、連帯保証人は、主債務者との関係では負担部分がありませんので、同条で準用されている連帯債務における絶対的効力事由のうち、負担部分の存在が前提とされている相殺（現行民法436条2項）、免除（同法437条）及び時効の完成（同法439条）は適用される余地がありません。また、更改（同法435条）及び相殺（同法436条1項）によって主債務が満足した場合に債務が消滅することは自明のことですので、これらの条文を適用する必要がありません。

　結局、連帯保証人に生じた事由のうち、主債務者との関係で効力を有するものは、履行の請求（同法434条）及び混同（同法438条）のみとなります。

　例えば、金融機関が連帯保証人に対して履行の請求（訴訟提起）を行って時効が中断した場合、主債務者との関係でも時効が中断します。

2．改正民法下で想定される実務

（1）改正民法の内容

　改正民法でも、主債務者に生じた事由が保証人にも影響が及ぶこととされており、主債務者に対する履行の請求その他の事由による時効の完成猶予及び更新は、保証人に対してもその効力を生ずるとされています（改正民法457条1項）。他方で、保証人に生じた事由が主債務者にも影響が及ぶかという点については、債務を満足させるものは主債務者に対しても効力が及びますが、それ以外の事由については主債務者に影響がないとされています（同法458条）。

（2）融資実務への影響

　特に、連帯保証人に対する履行の請求により、主債務者との関係で時効を中断させることが原則としてできなくなった点が、債権管理との関係で実務に対する影響が大きいと考えられます。例えば、主債務者と連絡がとれないような場合には、連帯保証人に対する履行の請求をしても、時効の進行を妨げることができなくなります。

　このような事態を避けるために、主債務者との間で、連帯保証人に対する履行の請求の効力が主債務者にも及ぶことにする合意をしておくといった対処法が考えられます。

3．営業店窓口での留意点

　改正民法下では、連帯保証人に対する履行の請求によって主債務者との関係で時効を中断させることが原則としてできなくなったという点に注意が必要です。

第3章　融資取引に生じる影響

 34 消滅時効の時効期間

債権の種類によって消滅時効の時効期間が短くなるものがあると聞きました。どのような改正がなされたのでしょうか。

ポイント

・時効期間が短くなる債権も存在することから、債権管理に留意する必要があります。

A 時効期間については、債権者が権利を行使できることを知った時から5年が経過したときまたは権利を行使できる時から10年が経過したときに時効期間が満了することが定められました。このような改正に伴い、商事消滅時効や職業別の短期消滅時効が廃止され、また民事債権の時効期間が基本的に短くなることから、記録管理や時効管理など、債権管理の実務に与える影響は小さくありません。

解説

1．現行民法とその下での実務

現行民法では、債権の原則的な時効期間を、権利を行使することができる時から10年と定めたうえで（現行民法166条1項、167条1項）、職業別に1年から3年の短期消滅時効（同法170条～174条）が定められ、商事債権については商法において5年の消滅時効（現行商法522条）が定められていました。このように、従来は、時効期間が統一されておらず、

いずれの規定が適用されるかについて解釈の余地があるため、予測可能性に問題があるとの指摘がなされていました。

また、人の生命・身体の侵害について損害賠償請求を行うに際し、債務不履行（安全配慮義務・保護義務違反）に基づく場合と不法行為に基づく場合とで、時効期間が異なるという点も指摘されていました。

2．改正民法下で想定される実務

（1）改正民法の規定

改正民法においては、債権の消滅時効期間を、債権者が権利を行使できることを知った時（主観的起算点）から5年、債権者が権利を行使することができる時（客観的起算点）から10年と定め（改正民法166条1項）、いずれか早い時に時効期間が満了するとして、基本的な統一が図られました。なお、不法行為による損害賠償請求権の消滅時効期間は、現行民法と期間は変わらない（主観的起算点から3年）ものの、客観的起算点からの20年の期間が除斥期間ではなく消滅時効期間であることが明文化されました。

また、人の生命・身体の侵害による損害賠償請求権については、一般の債務不履行及び不法行為の期間を修正し、いずれも主観的起算点から5年、客観的起算点から20年の消滅時効期間に統一されました（同法167条、724条の2。起算点についての文言は異なるが、実質的には同じ時点となることが前提とされています）。

民法改正前後における消滅時効の期間を比較しますと、**図表3-3**のとおりになります。

140

図表3-3　消滅時効の期間比較

		債務不履行		不法行為	
		主観的起算点	客観的起算点	主観的起算点	客観的起算点
改正前		—	10年	3年	20年 （除斥期間）
改正後	一般的債権	5年	10年	3年	20年 （消滅時効）
		（166条1項）		（724条）	
	生命・身体 侵害損害賠償	5年	20年 （167条）	5年 （724条の2）	20年

※表内の条文はいずれも改正民法

（2）融資実務への影響

　債権の基本的な時効期間については、主観的起算点による消滅時効期間が設けられたことにより、信用金庫などの協同組織金融機関の取引で発生する多くの債権などの民事債権は時効期間が短縮され、短期消滅時効が定められていた債権は時効期間が延長されることになりました。また、商事債権については基本的に現行の規定と変わらないものの、債務不履行に基づく損害賠償請求権等については、従前とは異なる結論になる事態もありえます。

　このような時効期間の変更を踏まえ、帳票類の保管等を含めた時効管理事務については検討が必要と考えられます。

3．時効期間の変更に注意を

　消滅時効期間が大幅に変わり、特に、短期消滅時効が定められていたもの以外の民法上の債権については、改正民法下では、より早期に消滅時効期間が満了する事態が発生することから、混乱が予想されます（一方、商事債権は従前と同じ消滅時効期間です）。債権ごとに適切に時効期

間を把握して管理を行う必要があり、実務に与える影響は小さくないものといえます。

　例えば、金融実務においては、融資債権の期限の利益の当然喪失事由として「借主についての相続の発生」を定める金銭消費貸借契約書やローン契約書を利用することがありますが、借主について相続が発生した場合には、失期したことを金融機関は知らないのに、客観的起算点から消滅時効が進行することになります。そこで、当然失期事由を、「金融機関が（相続などの）事由を知ったとき」とするなどの対応が必要になるものと考えられます。

第3章　融資取引に生じる影響

35 消滅時効の時効障害制度

消滅時効の進行や完成を妨げる事由について大幅な法改正が行われたと聞きました。どのような改正がなされたのでしょうか。

ポイント

・時効障害制度については、用語の変更のほか、協議合意による時効完成猶予制度の創設などの改正がなされました。

A　時効障害制度については、従前の解釈・判例法理を前提に、「更新」事由と「完成猶予」事由とに整理する改正が行われたほか、天災等による時効完成猶予期間の延長、協議合意による時効完成猶予制度の新設といった債権保全に資する改正がなされました。

解説

1．現行民法とその下での実務

現行民法においては、時効障害（時効の進行や完成が妨げられること）の事由として、「中断」（現行民法147条～157条）と「停止」（同法158条～161条）を定めていましたが、同じ中断事由の中でも、承認（同法147条3号）がそれまで経過した時効期間の効力を失わせ、新しく一定の時点から時効期間を計算しなおす効果を生じさせるのに対し（同法157条1項参照）、履行催告（同法153条）は時効が完成すべき時が到来しても時効の完成が猶予される効果を生じさせ、裁判上の請求（同法147条1号）は

双方の効果を生じさせるものとされていました。そのため、「中断」という概念の理解が困難なものとなっていました。他方で、「停止」についても、その効果は停止事由の発生によって時効の完成が猶予されることにありましたが、「停止」という表現ではあたかも時効期間の進行自体が途中で止まり、停止事由が消滅した後に残存期間が再度進行するかのような誤解を生みがちでした（以上につき、一問一答・44頁）。

　また、現行民法においては、天災等が発生した場合の時効停止期間が２週間と定められていました（同法161条）。

2．改正民法下で想定される実務

（1）改正民法の規定

①「完成猶予」と「更新」

　改正民法では、時効の中断について、その効果に着目して、時効の「完成猶予」（当該事由が発生しても時効期間の進行自体は止まらないが、本来の時効期間の満了時期を過ぎても、所定の時期を経過するまでは時効が完成しないという効果）と、「更新」（当該事由の発生によって進行していた時効期間の経過が無意味なものとなり、新たに零から進行を始めるという効果）という、その効果の内容を端的に表現する２つの概念で再構成しています（改正民法147条参照）。また、時効の停止についても、その効果の内容を端的に表現する「完成猶予」という概念で再構成することで、その内容をより理解しやすいものとしています。改正民法における消滅時効についての概念の整理は**図表３−４**のとおりです。

　改正民法においては、権利者が権利行使の意思を明らかにしたと評価できる事実を「完成猶予」事由に、権利の存在について確証が得られたと評価できる事実を「更新」事由にするとの方針が採られています。な

第3章　融資取引に生じる影響

図表3-4　改正民法における消滅時効についての概念整理

中断事由	意味
「更新」	この事由が生じると、それまで経過した時効期間が効力を失い、この事由が終了すれば、新たに時効が進行を開始する。
「完成猶予」	この事由が生じても、本来の時効期間の進行には関係なく、ただ時効の完成を一定の期間だけ猶予する。

お、仮差押え・仮処分については、現行民法下では「中断」事由とされていました（同法154条参照）が、これらの手続には債務名義が不要であることや、その後に本案訴訟提起等が予定されていることから、改正民法においては「完成猶予」事由とされました（同法149条）。

「完成猶予」事由と「更新」事由を比較したものは**図表3-5**のとおりです。

②完成猶予についての規定

改正民法では天災等が発生した場合の時効猶予期間が3カ月となり（同法161条）、現行民法に比べて延長されました。

また、改正民法では、当事者間において権利についての協議を行う旨の合意（協議合意）による完成猶予の規定が新設されました。具体的には、債権者と債務者の間の協議合意が書面または電磁的記録でなされた場合には、当該合意があった時から1年間（1年未満の期間を当事者が定めた場合はその期間）時効の完成が猶予されるとともに、協議期間中に、当事者の一方が相手方に対し、書面または電磁的記録で協議の続行を拒絶する旨の通知を行った場合には、協議期間が満了する前であっても通知の時から6カ月を経過した時に時効完成猶予の効果がなくなることとなりました（同法151条1項、4項）。

協議合意による時効の完成猶予期間内に協議合意を繰り返すことで、完成猶予がなかった場合の時効完成時から最長5年間時効の完成を猶予

145

図表3-5　時効の「完成猶予」事由と「更新」事由

	「完成猶予」事由	「更新」事由
裁判上の請求等	裁判上の請求（147条1項1号）	裁判の確定（147条2項）
	支払督促の申立（147条1項2号）	支払督促の確定（147条2項）
	民事調停・家事調停の申立（147条1項3号）	和解・調停の成立（147条2項）
	破産・再生・更生手続参加（147条1項4号）	権利の確定に至り、手続が終了したこと（147条2項）
強制執行等	強制執行（148条1項1号）	手続の終了（ただし、申立の取下げまたは手続の取消による終了の場合は除く）（148条2項）
	担保権の実行（148条1項2号）	
	担保権の実行としての競売（148条1項3号）	
	財産開示手続（148条1項4号）	
	仮差押・仮処分（149条）	
その他		承認（152条）
	催告（150条。期間：6ヵ月間）	
	天災その他避けることのできない事変（161条。期間：3ヵ月間）	
	権利についての協議を行う旨の合意（151条。期間：6ヵ月間）	

※表内の条文はいずれも改正民法。太枠内は改正民法により実質的な改正点があるもの。

することができます（同法151条2項）。一方、催告による時効の完成猶予期間内に協議合意を行った場合や、協議合意による時効の完成猶予期間内に催告をした場合には、いずれも更新の措置をとるまで暫定的に時効の完成を猶予するためのものにすぎないことから、それぞれ協議合意や催告による（再度の）完成猶予の効力は認められません（同法151条3項）。

（2）融資実務への影響

　まず、改正民法により整理された時効障害制度については、現行民法の規定や判例法理を整理して規定されたものであるため、基本的には実務上の影響はないものと考えられます。

　次に、協議合意による完成猶予に関しては、現行民法下においては、当事者間において解決に向けた協議を行っていても、時効期間の満了が近づくと、時効中断のために訴訟提起などを検討せざるを得ないことがありました。しかしながら、改正民法により、上記の合意を行うことでこのような無用な訴訟提起等を回避することが可能になったといえます。

　ただし、イ．協議合意は書面（または電磁的記録）で行う必要があることから、相手方が強く争っている場合など書面作成が期待できない場合には催告等により適切に時効管理を行う必要があることや、ロ．本来の時効期間満了後で催告による時効完成猶予期間中に協議合意をしてもこれによる時効完成猶予の効力はないことには留意する必要があります。

3．時効を妨げる方法の多様化

　時効完成を妨げる方法として協議合意による完成猶予が新たに定められたことから、無駄な訴訟提起を避ける観点からも活用が期待されます。

コラム

「電磁的記録」とは

　改正民法で新たに設けられた時効障害事由である時効の完成猶予のための協議合意については、その内容を記録した電磁的記録によってされたときは、その合意は書面によってされたものとみなされる旨定められています（改正民法151条4項）。この「電磁的記録」とは、電子的方式、磁気的方式その他人の知覚によっては認識することができない方式で作られる記録であって、電子計算機による情報処理の用に供されるものをいうとされています（同法151条4項の括弧書き）。Wordファイルのデータや、電子メールなどがこの「電磁的記録」に該当しますので、電子メールで時効の完成猶予のための協議の申入れがされ、これに対する返信で受諾の意思が表示されていれば、電磁的記録によって協議を行う旨の合意がされたことになります。

　改正民法においては、書面で作成することが要求されている保証契約（同法446条2項）や、諾成的金銭消費貸借契約（同法587条の2）が存在しますが、これらについても、電磁的記録によってその内容が記録されているときは、書面でなされたものとみなす旨の規定がそれぞれ設けられています。

　なお、この「電磁的記録」の定義は、刑法でもまったく同じ文言で規定されていて（刑法7条の2）、人の事務処理を誤らせる目的で電磁的記録を不正に作出する行為（刑法161条の2）や、人の業務の用に供する電磁的記録を損壊し業務を妨害する行為（刑法234条の2）が処罰の対象とされています。

148

第4章

保証契約に生じる影響

　第4章は、保証に関する改正点を取り上げます。今般の民法改正が、全体的トーンとして従前の判例・学説等の明文化にとどまる部分も多いところ、保証に関する改正は、その点は異なり、近年の「保証人保護」という政策課題の実現を趣旨としています。そのため、金融機関実務への影響も大きいです。本章では、そのような実務的なインパクトも含めて、改正内容を解説します。

36 個人保証の制限の強化

個人保証の制限が強化されたとのことですが、どういうことでしょうか。

ポイント

・事業目的の貸金等債務の個人保証については、公正証書による事前の保証の意思表示がない限り個人保証が認められません。

・この公正証書の作成は、保証人予定者が主債務者である法人の取締役や総株主の議決権の過半数を有する者、主債務者である個人の共同事業者や貸金等債務にかかる事業に現に従事している配偶者等である場合には不要です。

A 事業目的の貸金等債務の個人保証については、保証契約締結前1カ月以内に公正証書による保証の意思表示をしない限り個人保証が認められないことになります。ただし、経営者等から個人保証を受ける場合にはこのような手続は不要です。

解説

1．個人保証の制限の背景

保証人を個人とする個人保証の制限については、現行民法では、貸金等根保証において極度額の定めなどが必要であるとしていることを除き、特段の制限はなされていません。

150

第4章　保証契約に生じる影響

　保証契約は、不動産等の物的担保の対象となる財産を持たない債務者が自己の信用を補う手段として実務上重要な意義を有しているものです。一方で、個人の保証人が想定していなかった多額の保証債務の履行を求められ、生活の破綻に追い込まれるような事例が後を絶たないことから個人保証自体について社会的な問題となりました。そこで、一定の個人保証を無効とすべきであるなどの考え方が示されています。

　この点、金融機関業務との関係では、中小・地域金融機関向けの総合的な監督指針において、経営者以外の第三者の個人連帯保証を求めないことを原則とする融資慣行の確立、保証履行時における保証人の履行能力等を踏まえた対応の促進について定められています（中小・地域金融機関向けの総合的な監督指針（2014年12月）Ⅱ－11）。また、中小企業庁では、信用保証協会が行う保証制度について、経営者本人以外の第三者を保証人として求めることを、原則禁止しています（信用保証協会における第三者保証人徴求の原則禁止について（2006年3月31日、中小企業庁金融課））。

　さらに、2013年12月に策定された「経営者保証に関するガイドライン」（経営者保証に関するガイドライン研究会）においては、保証契約時と主たる債務の整理局面における保証債務の整理（減免）時に関して、経営者保証の必要性や保証契約の見直し、経営者の経営責任の在り方等について規定しています。

　これらの考え方を踏まえつつ、改正民法では、以下のとおり個人保証について規定しています。

2．個人保証の制限の内容

　改正民法では、保証人となろうとする者（以下「保証人予定者」といい

ます）が法人である場合や、いわゆる経営者保証の場合を除き（改正民法465条の6第3項、465条の8第2項、465条の9）、一定の保証契約については、保証人予定者が、契約締結前1カ月以内に作成された公正証書で保証債務を履行する意思表示をしていなければ、効力を生じないものとされています（同法465条の6第1項・465条の8）。

この一定の保証契約の類型は、

イ．事業目的で負担した貸金等債務を主債務とする保証契約

ロ．主債務の範囲に事業目的で負担する貸金等債務が含まれる根保証契約

ハ．イ・ロの各契約の保証人から主債務者に対する求償権に係る債務を主債務とする保証契約・根保証契約（いわゆる保証会社宛保証の場合）

になります。

貸金等債務とは、金銭の貸渡しまたは手形の割引を受けることによって負担する債務のことをいいます。

言い換えれば、いわゆる経営者保証の場合を除き、事業目的の貸金等債務を対象とする個人保証・根保証契約については、その前1カ月以内に公証人の作成した公正証書による意思表示を行っていない限り、無効なものとして取り扱われることになります。

3．個人保証の制限の例外（経営者保証等）

個人保証の制限については、保証人予定者が以下の者である保証契約については、適用しないものとされています（改正民法465条の9）。下記①イの例外が設けられたのは、これらの者は、主債務者の事業の状況を把握することができる立場にあり、保証のリスクを十分に認識せずに

保証契約を締結するおそれが類型的に低いと言えることや、中小企業に対する融資の実情として、これらの者による保証は、企業の信用補完や経営の規律付けといった観点から有用とされているため、これらの者による保証が融資の前提とされていることが実際にも少なくなく、厳格な意思確認の手続を義務付けるとかえって時間やコストを要することとなって、資金調達が阻害されるおそれがあることなどを考慮したものとされています（一問一答・153頁）。

　また、下記②ロについては、個人事業主に関しては、経営と家計の分離が必ずしも十分でないことから、現に、配偶者を保証人とすることで金融機関から融資を受けている事例も少なくないという実情、また、配偶者が現に事業に従事している場合であれば、事業の状況をよく知り得る立場にあり、保証のリスクを認識可能であるし、配偶者間では明確な契約はなくとも当該事業の損益を個人事業主と実質的に共有する立場にある、といった考え方が総合勘案されて、例外規定が設けられました（一問一答・155頁）。なお、配偶者に関する例外規定については、コラム「『事業に現に従事している配偶者』の例外」（180頁）も参照してください。

①主債務者が法人の場合

　イ．理事、取締役、執行役またはこれらに準ずる者

　ロ．総株主の議決権（議決権を有しない株式を除く、以下同様）の過半数を有する者

　ハ．主債務者の総株主の議決権の過半数を他の株式会社が有する場合、当該他の株式会社の総株主の議決権の過半数を有する者

　ニ．主債務者の総株主の議決権の過半数を、他の株式会社および当該他の株式会社の総株主の議決権の過半数を有する者が有する場合、当該他の株式会社の総株主の議決権の過半数を有する者

ホ．イ～ニに準ずる者

②主債務者が法人以外の場合

イ．共同事業者

ロ．主債務者が行う事業に現に従事している配偶者

上記のうち、①のハ・ニについては、ロのように直接的に議決権の過半数を有する者のみならず、間接的に議決権の過半数を有することにより実質的に主たる債務者と同一であると評価できる者についても対象とする趣旨になります（要綱案の原案（その1）補足説明4頁）。

また、株式会社以外の法人における総社員の議決権の過半数を有する者については、①ホの、イ～ニに準ずる者、に含まれることになります（要綱案の原案（その1）補足説明4頁）。

第4章 保証契約に生じる影響

 個人保証の際の公正証書作成

個人保証については事前に公正証書を作成しなければならない場合があるとのことですが、どのような手順で進めればよいでしょうか。また、保証契約締結後に公正証書を改めて作成する必要がある場合はありますか。

ポイント

・個人保証の際の公正証書では、債権者、主債務者、主債務の元本・利息その他その債務に関する事項、主債務者が債務を履行しないときには債務の全額を履行する意思を有していることなど、法律上定められた一定の事項を記載する必要があります。
・保証契約締結時に公正証書による意思表示を行った場合、契約締結後に、保証人に不利益な契約変更を行う際にも公正証書の作成が必要であると考えられます。

A 公正証書は、保証人予定者が、一定の事項を公証人に口授のうえで、公証人がその内容を筆記して保証人予定者に読み聞かせるなどしたうえで、保証人予定者・公証人が署名・押印等をする必要があります。

保証契約締結後においても、保証人に不利益な変更を行う際には公正証書の作成が必要であると考えて手続を行うことになるものと考えられます。

155

解説

1．公正証書の作成手続

　個人保証の制限の対象となる場合、**図表4-1**の手順で公正証書を作成し、保証人予定者の保証の意思表示をする必要があります（改正民法465条の6第2項）。

　ここで、①の一定の事項とは**図表4-2**の内容になります（改正民法465条の6第2項1号イ・ロ）。

　なお、保証人予定者の発語や聴取に不自由がある場合は、概ね**図表4-3**の対応をとったうえで、その旨を公正証書に付記することになります（同法465条の7）。

図表4-1　公正証書作成の手順

	手続者	手続の内容
①	保証人予定者	・一定の事項を公証人に口授
②	公証人	・保証人予定者の口述を筆記 ・保証人予定者に読み聞かせ、または閲覧させる
③	保証人予定者	・筆記の正確性を承認 ・署名・押印 ・保証人予定者が署名不可の場合、公証人がその事由を付記
④	公証人	・①～③の方式に従って作ったものである旨を付記 ・署名・押印

第4章　保証契約に生じる影響

図表4-2　公証人に口授する一定の事項

個別保証契約の場合

- ・債権者
- ・主債務者
- ・主債務の元本
- ・利息、違約金、損害賠償その他その債務に従たるすべてのものの定めの有無、内容
- ・主債務者が債務を履行しないときには債務の全額を履行する意思を有していること

個別連帯保証契約の場合

- ・債権者
- ・主債務者
- ・主債務の元本
- ・利息、違約金、損害賠償その他その債務に従たるすべてのものの定めの有無、内容
- ・主債務者が債務を履行しないときには、債権者による主債務者への催告の有無、主債務者の履行可能性、他の保証人の有無にかかわらず、債務の全額を履行する意思を有していること

根保証契約の場合

- ・債権者
- ・主債務者
- ・主債務の範囲
- ・極度額
- ・元本確定期日の定めの有無、内容
- ・主債務者が債務を履行しないときには極度額の限度で元本確定期日または元本確定事由発生時までに生ずべき主債務の元本、利息、違約金、損害賠償その他その債務に従たるすべてのものの全額を履行する意思

連帯根保証契約の場合

- ・債権者
- ・主債務者
- ・主債務の範囲
- ・極度額
- ・元本確定期日の定めの有無、内容
- ・主債務者が債務を履行しないときには、債権者による主債務者への催告の有無、主債務者の履行可能性、他の保証人の有無にかかわらず、極度額の限度で元本確定期日または元本確定事由発生時までに生ずべき主債務の元本、利息、違約金、損害賠償その他その債務に従たる全てのものの全額を履行する意思を有していること

図表4-3　保証人予定者の発語や聴取に不自由がある場合の対応

発語が不自由な場合（口がきけない場合）
図表4-1の①の口授に代えて、公証人および証人の前で、各事項について通訳人の通訳により申述し、または自書する。
聴取が不自由な場合（耳が聞こえない場合）
図表4-1の②の読み聞かせに代えて、筆記した内容を通訳人の通訳により保証人予定者に伝える。

2．契約変更時の対応

　保証契約締結時に公正証書による意思表示を行った場合、契約締結後の金銭消費貸借契約の変更時に保証人から同意を得るときにも公正証書の作成が必要になるのか、必要となるとしても、どのような変更の場合に必要となるかが条文上の記載がなく問題になります。

　この点、保証人に不利益な変更の際には公正証書の作成が必要であると考えて、実務上は公正証書の作成手続を行う対応が穏当であるものと思われます。

　一方で、リスケジュール等、実質的な不利益がなければ再度の公正証書の作成までは不要と考えられます。固定利率と変動利率の切り替えなどの、利益とも不利益ともいえないものの、結果として不利益となる可能性のある事項にかかる変更に関しては、公正証書の作成の要否についての判断が難しいものとなります。よって、これらの事項について、実務的には、当初の保証契約締結時に、保証人がリスクを認識できるだけの可能な限りの具体的な記載をした上で、公正証書を作成することが肝要となります。

第 4 章　保証契約に生じる影響

3．公正証書の作成に際しての実務上の留意事項

（1）保証人予定者による口授のサポート

　公正証書の作成手続に際しては、保証人予定者が上記事項についての口授を行うことになります。この際、保証人予定者は口頭で公証人に対して説明をすることになるものですが、保証内容について理解していたとしても何の書類もなく滞りない説明をするのは非常に困難です。

　金融機関としては、口授をサポートするために、一定の定型的な発言原稿を用意することが考えられます。ただ、発言原稿をそのまま読んでも、公証人としては保証人予定者の理解の程度が低いのではないかという疑義があれば、保証人予定者に対して質問することが考えられます。よって、発言原稿を用意することに重点を置くのではなく、用語の意味などについても記載を行ったうえで、公証役場に行く前に十分理解できるように説明を行うことが肝要になります（保証の内容や用語の説明については現在も実務上保証人予定者の理解の程度に応じた説明をしていることが多いと思われますが、保証人予定者自身が口授を行うことを前提とすると、口授の事項についてはより丁寧な説明が必要になります）。

（2）口授する事項の調整

　口授する事項については、主債務者の事情やタイムラグなどによって公正証書作成から契約締結までの間に変更が生じる可能性があります。よって、事後的な変更が生じうる主債務の元本額や利率などの事項の口授の内容としては、保証人予定者が不利益として覚悟し得る範囲の上限について口授を行うべきものと考えられます。

4．公証人による保証意思確認の実際

　公証人による保証意思確認の手続においては、保証人になろうとする者が保証契約のリスクを十分に理解した上で、相当の考慮をして保証契約を締結しようとしているか否かを見極めることが予定されています。

　ここでいう保証契約のリスクとは、単に保証契約の法的意味といったものではなく、その契約を締結しようとしている保証人自身が、当該保証債務を負うことによって直面し得る具体的な不利益を意味しており、公証人は、保証人となろうとする者がこのリスクを理解しているのかについて十分に見極める必要があるとされています。

　例えば、当該保証債務を履行できなければ、住居用の不動産を強制執行されて生活の本拠を失ったり、給与を差し押さえられて生活の維持が困難になったり、預金を差し押さえられて当座の生活にも困窮するといった事態が生じ得ることを現に認識しているのかなどを確認し、その保証契約のリスクを具体的に理解しているのかを十分に見極めることが要請される、とされています（以上につき、一問一答・145頁）。

　また、仮に債権者や主債務者から強く保証人になることを求められたといった事情があった場合には、保証のリスクを認識しているか否かをより丁寧に確認するのが適切であり、保証意思の確認手法として、保証人になろうと決断した経緯についても確認することが考えられる、とされています（一問一答・146頁）。

　そのうえで、保証意思がない場合には、公証人が公正証書を作成することは改正民法上予定されておらず、仮にそのような状況で公正証書が形式的に作成されたとしても、保証意思が公正証書によって表示されていると言えないため、保証契約は無効になるとされています。また、仮に保証人になろうとする者の保証意思が確認できない場合、公証人は、

無効な法律行為等については証書を作成することができないとする公証人法26条に基づき、公正証書の作成を拒絶しなければならない、とされます（一問一答・146頁）。

　このように、運用として、公証人において厳格に保証意思を確認することが予定されており、改正民法においては、確実な保証意思があるのでなければ、保証人となってもらうことは難しくなると思われます。

5．営業店窓口での留意点

　保証人予定者の保証意思確認のためにする公正証書作成は、保証に関する民法改正項目の中でも、最も重要と言えます。営業店現場においても、その内容を十分に把握することが肝要です。従前にも増して、保証意思確認をしっかりと行うことが必要になるでしょう。

38 「事業のため」の意義

公正証書による保証意思確認の対象となる「事業のため」に負担した貸金等債務とはどのようなもので、どのように該当性を判断するのでしょうか。

ポイント

・借主が借り入れた金銭等を自らの事業に用いるために負担した貸金等債務を意味します。
・その該当性は、債務負担時点を基準時に、貸付等の基礎とされた事情に基づいて客観的に定まります。

A 「事業」とは、一定の目的をもってされる同種の行為の反復継続的遂行をいい、「事業のために負担した（する）貸金等債務」とは、借主が借り入れた金銭等を自らの事業に用いるために負担した貸金等債務を意味するものと解されています。

「事業のために負担した（する）貸金等債務」に該当するか否かは、借主がその貸金等債務を負担した時点を基準時として、貸主と借主との間でその貸付等の基礎とされた事情に基づいて客観的に定まるものとされます。

解説

公正証書による保証意思確認の対象となる事業性貸金か否かの判定について、「事業」とは、一定の目的をもってされる同種の行為の反復継

続的遂行をいい、「事業のために負担した（する）貸金等債務」（改正民法465条の6第1項）とは、借主が借り入れた金銭等を自らの事業に用いるために負担した貸金等債務を意味するものと解されています。例えば、製造業を営む株式会社が製造用の工場を建設したり、原材料を購入したりするための資金を借り入れることにより負担した貸金債務が「事業のために負担した（する）貸金等債務」の典型例とされています。

「事業のために負担した（する）貸金等債務」に該当するか否かは、借主がその貸金等債務を負担した時点を基準時として、貸主と借主との間でその貸付等の基礎とされた事情に基づいて客観的に定まるものとされます。具体的には、借主が使途は事業資金であると説明して金銭の借入れを申し入れ、貸主もそのことを前提として金銭を貸し付けた場合には、実際にその金銭が事業に用いられたかどうかにかかわらず、その債務は事業のために負担した貸金等債務に該当することとなります。（ここまでの解説全体につき、一問一答・147頁）。

他方で、あくまでも判断の基準時は債務を負担した時点ですから、例えば、借入時において、資金の使用使途が居住用住宅の購入費用とされていた場合において、借主が金銭受領後にそれを「事業のため」に用いてしまったとしても、そのことによって「事業のために負担した」債務に変わってしまうものではありません（一問一答・149頁）。

なお、いわゆるアパートローンが「事業のため」に負担した債務に該当するかについては、Q41を参照してください。

39 理事・取締役等に「準ずる者」の意義

公正証書による保証意思確認ルールの例外となる、主債務者が法人である場合の理事、取締役または執行役に「準ずる者」とは具体的にはどのような場合を指すのでしょうか。

ポイント

・「法律上正式な」法人の機関またはその構成員の地位にあるものを指し、「執行役員」は、これに該当しないことが通常と思われます。

 株式会社や一般社団法人以外の各種の法人において、理事、取締役等と同様に、法律上正式に法人の重要な業務執行を決定する機関またはその構成員の地位にあるものという、とされています。

解説

公正証書による保証意思確認ルールの例外となる理事、取締役、執行役に準ずる者（改正民法465条の9第1号）とは、株式会社や一般社団法人以外の各種の法人において、理事、取締役等と同様に、法律上正式に法人の重要な業務執行を決定する機関またはその構成員の地位にある者をいう、とされています。

株式会社の監査役や一般社団法人・財団法人の監事・評議員等はこれに該当せず、また、いわゆる「執行役員」についても、正式には理事、取締役または執行役の地位にはなく、従業員にすぎないのであれば、これに該当しないとされています（以上、一問一答・153頁）。

第 4 章　保証契約に生じる影響

 「共同して事業を行う者」の意義

　公正証書による保証意思確認ルールの例外となる、「共同して事業を行う者」とは具体的にはどのような場合を指すのでしょうか。

ポイント

・事業の成功・失敗に直接的な利害関係を有する場合を指します。
・典型は、組合契約における組合員です。

A　「共同して事業を行う」とは、組合契約など事業を共同で行う契約などが存在し、それぞれが事業の遂行に関与する権利を有するとともに、その事業によって生じた利益の分配がされるなど事業の成功・失敗に直接的な利害関係を有する場合を指すものとされます。

解説

　「共同して事業を行う」（改正民法465条の9第3号）とは、組合契約など事業を共同で行う契約などが存在し、それぞれが事業の遂行に関与する権利を有するとともに、その事業によって生じた利益の分配がされるなど事業の成功・失敗に直接的な利害関係を有する場合を指すものとされます（一問一答・154頁）。組合契約における組合員を典型例としてイメージしつつ、その外延としてどのようなものまでが含まれ得るのかを考えることになるでしょうが、後になって共同事業者には該当しないとされた場合、保証が無効となってしまうため、実務的には、保守的に判断することになるでしょう。

165

アパートローンへの個人保証制限の適用

アパートローンの保証についても個人保証の制限の適用はありますか。

ポイント

・アパートローンが事業目的で負担する貸金等債務に該当するか否かについては、改正民法においても具体的な基準が示されていないことから、慎重な判断が必要となります。
・アパートローンの事業目的への該当の有無について、金融機関としては、自社において一定の基準を設けつつ、個別の事案に則した判断・対応をする必要があるものと考えられます。

A 　アパートローンであっても、これが事業目的の貸金等債務に該当すると判断された場合には、個人保証の制限に関する規定が適用されることになります。
　事業目的に該当するか否かについては判断が難しく、慎重に判断をする必要があります。

解説

1．事業目的に該当するか

(1) 事業の意義

　改正民法では、保証人予定者が法人である場合や、いわゆる経営者保証の場合を除き（改正民法465条の6第3項、465条の8第2項、465条の9）、

イ．事業目的で負担した貸金等債務を主債務とする保証契約

ロ．主債務の範囲に事業目的で負担する貸金等債務が含まれる根保証契約

ハ．イ・ロの各契約の保証人から主債務者に対する求償権に係る債務を主債務とする保証契約・根保証契約（いわゆる保証会社宛保証の場合）

については、保証人予定者が、契約締結前1カ月以内に作成された公正証書で保証債務を履行する意思表示をしていなければ、効力を生じないものとされています（同法465条の6第1項、465条の8）。

ここで、事業目的で負担する貸金等債務に該当するか否かについては、改正民法においても具体的な基準が示されていないことから、「事業のため」（同法465条の6第1項）の意義が問題となります。

「事業」とは、一定の目的をもってされる同種の行為の反復的継続的遂行を意味し、「事業のために負担した（する）貸金等債務」とは、借主が借り入れた金銭等を自らの事業に用いるために負担した貸金等債務を意味するものと解されています（一問一答・147頁）。

例えば、主債務者の居住用建物に係るローン（居住用建物の建築・購入に係る資金の借り入れ）は、「事業のため」の借入に該当しないと解されています（一問一答・147頁）。

（2）アパートローンの事業目的の該当性

主債務者が賃貸用アパートの建設費用等を借り入れる、いわゆるアパートローンについて、改正法立案担当者は、端的に、「事業のために負担した（する）貸金等債務」に該当するとしています（一問一答・148頁）。しかし、実務上は、今少し慎重な判断をすることも考えられます。すなわち、賃貸用不動産を建築・購入した上で賃貸に供することは同種

の行為の反復的継続的遂行に形式的に該当するとも思われる一方で、巷間よく見られる、相続税対策で小規模のアパートローンを借り入れるようなケースが「事業」に該当するかどうかは慎重な検討を要するかと思われます。

2．実務上の対応

　上述のとおり、アパートローンが事業目的で負担する貸金等債務に該当するか否かについては慎重な判断が必要となります。金融機関としては、一定の基準を設けつつ、個別の事案に則した判断・対応をする必要があるものと考えられます。

　どのような場合にアパートローンが事業目的で負担する貸金等債務に該当するかが裁判例等によって明確になるまでの間は、個人保証の制限が適用されない、共同事業者、主債務者が行う事業に現に従事している配偶者（改正民法465条の9）のみを保証人とすることも考えられます。

　アパートローンでは、通常、配偶者ではなく、事業承継予定者である主債務者の子などを保証人とすることも多いため、事業承継予定者について、共同事業者ということができる程度に事業に携わらせるということも工夫として考えられます。この際、どのような場合に共同事業者に該当するかも明らかではないためその意義が問題となりますが、個別具体的な状況に応じ判断されることになるため、例えば、賃貸の審査に関与する、あるいは賃貸用アパート経営の利益の一部を帰属するようにするなどにより、共同事業者であると認められるような要素を多く持たせることがその工夫として考えられます。

　さらに、事業目的で負担する貸金等債務に該当するか否かに関しては、契約書において、借入人や保証人に、借入金が事業目的のものでないこ

との表明・保証や、借入金を事業のために用いないことの誓約（コベナンツ）を盛り込むこと、また、借入人や保証人からかかる事項を記載した書面（例えば、以下のような書式の「確認書」）を徴求することなども考えられます。

確認書

　私（主債務者）が借り入れた債務の資金使途は●●であり、私の営む事業のために借り入れたものではありません。
　私は、保証人▲▲と共に、上記事実について本書をもって確認いたします。

　なお、やや消極的ではありますが、当面の間はアパートローンについて全件公正証書を作成するという対応も考えられます。

主債務者の情報提供義務

法改正後は保証契約締結時に主債務者が保証人に対して情報提供しなければならなくなると聞きましたが、その内容を教えてください。

ポイント

・保証人の保護のため、保証人予定者に対する主債務者の情報提供義務が設けられました。
・基本的には主債務者が果たすべき義務ではあるものの、金融機関としても一定の関与をすべきことになると思われます。

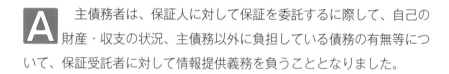　主債務者は、保証人に対して保証を委託するに際して、自己の財産・収支の状況、主債務以外に負担している債務の有無等について、保証受託者に対して情報提供義務を負うこととなりました。

解説

1．現行民法とその下での実務

現行民法では、この点に関し特段の規制は設けられておらず、実務的にも、特段の対応はなされていないと思われます。

2．改正民法下で想定される実務

改正民法では、主債務者が、事業目的の債務を主債務とする保証、主

債務の範囲に事業目的の債務が含まれる根保証の委託をするときは、委託を受ける者（以下「保証受託者」といいます）に対し、

　イ．財産および収支の状況

　ロ．主債務以外に負担している債務の有無・額・履行状況

　ハ．主債務の担保として他に提供し、または提供しようとするものが
　　　あるときは、その旨・内容

について、情報を提供しなければならないものとされています（改正民法465条の10第１項）。

　改正民法がこうしたルールを設けた理由は、以下のとおりです。すなわち、保証人になるにあたっては、主債務者の財産や収支の状況等をあらかじめ把握し、保証債務の履行を現実に求められるリスクを検討することが重要です。とりわけ、事業のために負担する債務は、多額になり得るものであり、この債務を保証することは、個人である保証人にとって負担が大きなものとなるため、これを保証する場合には、主債務者の財産や収支の状況を適切に把握した上で保証人になるかどうかを決定するのが適切です。こうした観点から、新しく主債務者による情報提供義務のルールが設けられました（以上につき、一問一答・157頁）。

　主債務者が上記情報を提供せず、または事実と異なる情報を提供したために保証受託者が当該事項について誤認をし、それによって保証人が保証の意思表示をした場合であって、主債務者が情報を提供せず、事実と異なる情報を提供したことを債権者が知りまたは知ることができたときには、保証人は、保証契約を取り消すことができます（同法465条の10第２項）。

3．保証契約取消リスクに十分注意を

　主債務者が情報提供義務を適切に履行しない場合、保証契約が取り消されるという重大な結果を招くこととなりますので、金融機関としても、情報提供義務の履行に関してノータッチという訳にはいかないと思われます。具体的な対応方法は本部で検討することとなると思われますが、営業店としては、現場対応を適切に行う必要が出てくるでしょう。

第4章 保証契約に生じる影響

 43 債権者の情報提供義務

改正民法下において、債権者は、保証人に対してどのような情報提供を行わなければならないか教えてください。

ポイント

・現行民法には規定のなかった、債権者の保証人に対する情報提供義務が定められました。
・もっとも、金融機関の実務では、現行民法下においても一定の情報提供は行っていると思われ、実務に大きな変更をもたらすものではないと考えられます。

A 保証人が主債務者の委託を受けて保証をした場合、保証人の請求があったときには、債権者は保証人に対し、遅滞なく、主債務の元本・利息・違約金・損害賠償その他その債務に従たるすべてのものについての不履行の有無・残額とそのうち弁済期が到来しているものの額に関する情報を提供しなければならないものとされます。

また、主債務者が期限の利益を喪失した場合、債権者は、法人以外の保証人に対し、当該期限の利益の喪失を知った時から2カ月以内に、その旨を通知しなければならないものとされます。

解説

1．現行民法とその下での実務

現行民法下では、債権者が保証人に対し情報提供を行う義務は設けられていません。もっとも、金融機関の実務では、保証人から問い合わせがあれば、一定の情報を提供していたものと考えられます。

2．改正民法下で想定される実務

（1）主債務の履行状況に関する情報提供義務

改正民法では、保証人が主債務者の委託を受けて保証をした場合において、保証人の請求があったときには、債権者は保証人に対し、遅滞なく、主債務の元本・利息・違約金・損害賠償その他その債務に従たるすべてのものについての不履行の有無・残額とそのうち弁済期が到来しているものの額に関する情報を提供しなければならないものとされました（改正民法458条の2）。

かかるルールの導入は、以下の事情を総合考慮したものです（一問一答・132頁）。

保証人にとって、主債務者が主債務を履行しておらず遅延損害金が日々生じている状況にあることや、主債務の残額がいくらになっているかといった情報、すなわち、債権者が把握している主債務の履行状況に関する情報は、保証人として履行しなければならない保証債務の内容に関わる重要な情報ですが、現行民法には、これらの情報を保証人に提供する義務を債権者に課す規定はありませんでした。

また、法律の規定がなくとも、保証人からの問合せに応じて債権者が

第 4 章　保証契約に生じる影響

任意にこれらの情報を保証人に提供することはあり得ますが、主債務者の履行状況に関する情報は主債務者の財産的な信用に関わるものであり、これを法律の根拠なく保証人に提供することは守秘義務や個人情報保護に反するおそれがあるとして、債権者としては保証人への情報提供を躊躇するという指摘もありました。

　他方で、主債務者の履行状況に関する情報は主債務者の財産的信用に関わるものであることに照らすと、主債務者から委託を受けていない保証人にまで、その情報の提供を求める権利を付与するのは相当ではないと考えられます。

　以上の各点を総合的にバランスさせた結果、新法における、委託を受けた保証人に対する情報提供義務の規定が設けられたものです。

（2）期限の利益を喪失した場合の情報提供義務

　改正民法では、主債務者が期限の利益を喪失した場合、債権者は法人以外の保証人に対し、当該期限の利益の喪失を知った時から2カ月以内に、その旨を通知しなければならないものとされます（改正民法458条の3第1項・3項）。期間内に通知をしないと、債権者は、保証人に対し、主債務者が期限の利益を喪失した時から当該通知をするまでに生ずべき遅延損害金に係る保証債務の履行を請求することができません。ただし、期限の利益を喪失しなかったとしても生ずべき遅延損害金については履行を請求することが可能です（同法458条の3第2項）。

　かかるルール導入の理由は、以下のようなものです（一問一答・133頁）。保証人の責任は、主債務者が支払を遅滞すると日々発生する遅延損害金によって増大していきます。特に、主債務者が分割金の支払を遅延するなどして期限の利益を喪失し、保証をした債務の全額について弁済期が到来した場合には、発生する遅延損害金の額が当初の想定以上に

多額となり、個人である保証人にとっては、その負担は大きなものとなり得ます。主債務者が期限の利益を喪失したことを保証人が知ることができれば、保証人は、早期に支払をすることで、多額の遅延損害金の発生を防ぐことが可能です。しかしながら、主債務者が期限の利益を喪失したことは、保証人は当然には知り得る情報ではなく、現行民法には、そのことを知る機会を保証人に対して保障する制度は設けられていませんでした。以上の点に鑑み、今回のルール導入に至ったものです。

（3）情報提供が「法的義務」となったことに注意

　現行民法では、上記のような債権者の情報提供義務に関する規定は存在しませんでしたが、実務では、同様の情報提供は今までも行ってきたものと思われます。その意味では、実務に大きな変更がもたらされるものではないと思われますが、情報提供が「法的な義務」となったことは十分認識しておく必要があるでしょう。

第4章　保証契約に生じる影響

 個人根保証

改正民法では個人根保証に関する規制の適用対象が拡大されているとのことですが、その内容を教えてください。

ポイント

・現行民法における「貸金等根保証」に係る保証人保護のためのルールが、個人根保証一般に拡大され、極度額、元本確定に関するルール等が、個人根保証一般に適用されることとなります。
・金融実務に現れる保証は基本的に貸金等根保証であるため、実務への影響は軽微と思われます。

A　現行民法下で貸金等根保証に関して適用されていた極度額、元本確定に関するルール等が、改正民法下では、貸金等根保証に限らず個人根保証一般に適用されることとなります。

解説

1．現行民法とその下での実務

2004年の民法改正によって、「貸金等債務」に係る根保証については、「根抵当権」の規律に準ずる形で、極度額が設けられ、元本の確定事由が設けられるなどのルールが設けられています。

177

２．改正民法とその下で想定される実務

改正民法は、貸金等債務に係る上記ルールを、以下のとおり、個人が保証人となる根保証一般に拡大しました。

（１）極度額

根保証契約（一定の範囲に属する不特定の債務を主債務とする保証契約）で保証人が法人でないもの（以下「個人根保証契約」といいます）の保証人は、主債務の元本、利息・違約金・損害賠償その他その債務に従たるすべてのもの、およびその保証債務について約定された違約金・損害賠償の額について、その全部に係る極度額を限度として、その履行をする責任を負います（改正民法465条の２第１項）。個人根保証契約は、極度額を書面または電磁的記録によって定めなければ効力を生じません（同法465条の２第２項・３項、446条２項・３項）。

上記は、現行民法では個人を保証人とする貸金等根保証（債務の範囲に金銭の貸渡しまたは手形の割引を受けることによって負担する債務が含まれる根保証）の場合のみを対象としている極度額および元本確定期日の定めに関する規定について、貸金等根保証以外の個人根保証にも対象を広げて適用するものです。

（２）元本確定期日

個人根保証の対象に貸金等債務を含む場合（改正民法上、「個人貸金等根保証契約」と定義されます。改正民法465条の３第１項）の元本確定期日に関する現行民法の規定（現行民法465条の３、改正民法でも条文番号は変更なし）に関しては、特段の改正はなされておらず、契約締結日後５年超の期日の定めは効力を生じず、期日の定めがなければ契約締結日後３

年を経過した日が元本確定期日となります。

（3）元本の確定事由

　個人根保証の元本確定事由について、改正民法では、以下のとおり個人根保証一般について元本確定事由となるものと貸金等根保証の場合にのみ元本確定事由となるものについて分けて規定しています。

　すなわち、主債務者について、イ．金銭債権についての強制執行・担保権の実行を申立てがあった場合（手続の開始があったときに限る）、ロ．破産手続開始決定があった場合は、貸金等根保証についてのみ、元本確定事由（改正民法465条の４第２項）に該当します。他方で、保証人が上記イ・ロに該当した場合は、個人根保証一般についての元本確定事由（同法465条の４第１項）に該当します。

　また、ハ．死亡したときに関しては、主債務者・保証人のいずれが死亡した場合にでも、個人根保証一般についての元本確定事由（同法465条の４第１項）に該当することとなります。

　主債務者が上記イ・ロに該当した場合について、貸金等根保証の場合にのみ元本確定事由に当たるとされているのは、次の理由によります。

　すなわち、貸金等根保証以外の個人根保証としては、具体的には、賃貸借契約における賃借人や継続的売買における買主を主債務者とする根保証が想定されます。ところが、これらに関しては主債務者の財産への強制執行・担保権の実行や破産手続の開始決定があったとしても、信頼関係の破壊がない限り、ただちに契約を解除できるとは限りません。その結果、契約の解除までの間の賃料債務・売買代金債務等について保証人に負担させることも不合理とはいえないため、これらの事由を元本確定事由から除外したものです。

コラム

「事業に現に従事している配偶者」の例外

　改正民法における公正証書による保証意思確認のルールにおいては、「主たる債務者が行う事業に現に従事している配偶者」が保証人となる場合については例外とされています（改正民法465条の9第3号）。しかし、この例外規定については、色々といわくがあるようです。

　この例外が設けられた背景には、主債務者が個人事業者であるときの配偶者による保証は、現在の実務上、一般的であり、配偶者による保証について第三者による保証と同様のルールによることになると、特に中小企業が金融機関から融資を受けるにあたって支障が生じることが懸念されるということや、個人事業者の場合、家族の財産と事業の財産とが十分に分別されていない、といった点への考慮があったようです。それでも、事業と無関係な配偶者についてまで例外とすることは適切ではないため、「主たる債務者が行う事業に現に従事している」という限定がされています。

　しかし、配偶者というのは、一般には、最も情誼に流され、拒絶を期待することが困難であって、改正民法のルールを設ける元となった懸念が最も妥当する類型ともいえます。また、「主たる債務者と共同して事業を行う者」は、別途、ルールの例外とされており（同法465条の9第3号）、一緒に事業をやっている配偶者はこれに該当するわけですから、共同事業者とまではいえない配偶者についても例外とすることになり、このような例外を設けることには、法制審議会民法（債権関係）部会の審議にお

いても反対論も強かったようです。

　法解釈としても、「共同事業者ではないが事業に現に従事している」というのは具体的にどういう場合なのか、悩ましい判断となるように思われます。（以上全体につき、中田裕康ほか『講義　債権法改正』（商事法務、2018）196 ～ 198頁〔沖野眞巳執筆部分〕参照）。

　このように、配偶者に関する例外規定は設けられたものの、学説の批判も強いようであることを考えると、実務上は、配偶者についても公正証書による保証意思確認を得ておくことが安全とは言えるかもしれません。

第5章

金融商品販売や
その他付随業務に
生じる影響

　第5章では、民法改正により金融機関が行う金融商品販売やその他付随業務に生じる影響について解説します。本章では、営業店実務でも取り扱うことの多いと思われる保険商品や投資信託の窓口販売、そしてそれらの取引に伴うトラブルに関連して、錯誤・詐欺に関するテーマを取り扱います。また、近時重要性を増しているM&Aに関する業務、そして貸金庫取引に対する民法改正の影響についても解説します。

45 定型約款と保険

保険商品の窓口販売において使用する「約款」について、定型約款に係る改正民法の規定が適用されるのでしょうか。

ポイント

・定型約款に係る規定の適用が保険募集の場面や保険約款の変更の場面でどのような影響を及ぼすのかが問題となります。

A 保険約款には定型約款に係る改正民法の規定が適用されると考えられます。もっとも、現状では、保険募集の場面においては、定型約款に係る規定の適用との関係で、実務上大きな変更はないと考えられます。

解説

1．保険約款について

保険契約は、保険会社が用意した普通保険約款と特約条項（以下「保険約款」といいます）を内容とします。顧客の選択の余地はそうした保険約款の枠の中での選択に限られ、保険約款の記載自体を修正する個別交渉は予定されていません。なぜなら、保険は、保険会社が収受・運用する保険料について、一定の統計的根拠に基づいて、支払うべき保険金をあらかじめ約束するものであり、個別の交渉を認めた場合には保険金算出の前提が崩れてしまうからです。規制法上も、約款の変更は認可・

184

届出制であり（保険業法123条）、また、個別の顧客に保険料の割引等の特別の利益の提供をすることは禁じられています（同法300条1項5号）。

2. 改正民法下で想定される実務

（1）定型約款に係る規定の適用

　金融機関における窓口販売で取り扱う種類の保険の保険約款が、改正民法548条の2における「定型約款」に当たることには大きな争いはないと思われます。立案担当者は、定型約款を用い得る場合として、ある取引主体が取引の相手方の個性を重視せずに多数の取引を行うような場合を想定しており（一問一答・243頁）、一定の集団に属する者との間でのみ行われる取引であるからといって、常に不特定多数の者を相手方として行う取引に該当しないわけではない、とされています（一問一答・244頁）。保険取引は、危険選択（保険者による保険の引受が可能な程度の危険度であるかの判断）があるにしても、それは顧客の個性に注目したものとまでは言えず、取引の相手方の資格を大きく限定しているとまでは言えません。したがって、保険取引は「不特定多数の者を相手方として行う取引」であり、また、上記1. に記載の保険の特性からは、「その内容の全部または一部が画一的であることがその双方にとって合理的なもの」として、定型約款が用いられる取引である「定型取引」に該当すると思われます（同条）。立案担当者も、定型約款の例として、保険取引における保険約款をあげています（一問一答・246頁）。

（2）実務への影響

　保険約款が「定型約款」に該当すると、改正民法上の定型約款に係る規定が適用されます（詳しくは、Q2をご参照ください）。

保険募集の場面では、例えば、改正民法548条の3（定型約款の内容の表示）の関係で、保険会社から、あらかじめ、保険契約の締結の際に顧客に定型約款を交付する実務を委託されることが考えられます（同条1項ただし書き）。もっとも、約款の交付は現在の実務でも行われていますので、その点、実務への影響はないと思われます。

保険約款の変更のインターネット等による周知等の手続（同法548条の4第2項。また、保険業法上の手続もあります）については、保険会社が行うものですので、金融機関に直接の影響はありません。ただ、代理店委託契約上、保険契約の維持管理の委託を受けている場合には、保険会社から、変更された保険約款について顧客に説明をすることが求められる可能性もあると思われます。

3．保険約款の変更の際は対応の確認を

現時点では、保険募集の場面では、定型約款に係る規定が導入されても、大きな実務上の変更はないと思われます。

保険約款の変更の関係では、現段階では、保険約款の変更の際に保険会社が実務上どのような手続を行うことになるか明確にはなっていないところではありますが、上記のとおり、保険会社から、変更された保険約款について顧客に説明をすることを求められる可能性もあると思われます。保険約款の変更について営業店レベルで全てを把握することが困難な場合もあると思われますので、適切に本店あるいは保険会社に問い合わせて行う態勢を構築したり、あるいは保険会社等から説明書類に関する案内がなされる場合にはそれを適切に整理保管するといった対応が必要になる場合もあると考えられます。

第5章　金融商品販売やその他付随業務に生じる影響

 46 定型約款と投資信託約款・目論見書

　窓口販売を行う投資信託の投資信託約款には定型約款に関する改正民法の規定が適用されるのでしょうか。

ポイント

・投資信託約款に対して定型約款に係る改正民法の規定が適用されるかは、現時点では不明確です。
・仮に投資信託約款に定型約款に係る規定が適用される場合には、目論見書と改正民法548条の3（定型約款の内容の表示）との関係が問題となりえます。

A　投資信託約款に定型約款に係る改正民法の規定が適用されるかについては、現時点では定説がないものと思われます。もっとも、仮に適用されるとしても、投資信託の窓口販売の実務には大きな影響はないでしょう。

解説

1．投資信託約款・目論見書の現行民法下での実務

　金融機関で販売されるいわゆる「投資信託」とは、通常、投資信託委託会社（以下「ファンド運用会社」といいます）と受託者である信託銀行等との信託契約に基づく信託受益権です。当該信託受益権の内容の多くは投資信託約款に記載されています（投資信託及投資法人に関する法律

187

（以下「投信法」といいます）4条2項）。

ファンド運用会社は、投資信託約款の内容等を記載した書面をあらか
じめ投資信託の買主に交付する義務を負っています（同法5条1項）。た
だし、金融商品取引法に基づく開示関係書類としての目論見書に投資信
託約款の内容が記載されている場合には、投資信託約款を別途交付する
必要はないとされているため（投信法5条1項ただし書）、実務的には、
目論見書を交付することにより、投資信託約款の内容等を記載した書面
を別途交付することは行われていないことが多いものと思われます。

金融機関は、ファンド運用会社の委託を受けて、いわゆる投信販売会
社として投資信託を顧客に販売し、その際に目論見書等をあらかじめ顧
客に交付して説明を行っています。

2．改正民法下で想定される実務

（1）定型約款該当性

投資信託約款が「定型約款」に該当するかについては、確立した考え
方があるとまでは言えないと思われます。1つの考え方は、投資信託約
款はファンド運用会社と受託者の間の信託契約の内容（信託受益権の内
容）をなすものであって、ファンド運用会社（その代理としての投信販売
会社）と投資信託を購入する不特定多数の顧客の間の投資信託販売契約
に係る約款ではなく、すなわち顧客との間の定型取引に係る「契約の内
容とすることを目的」としたものではないから、投資信託約款は定型約
款には該当しないというものです（改正民法548条の2第1項）。

他方、投資信託は、多数の公衆に一律・定型的な投資信託受益権を取
得させるという意味では、約款規制になじむものではあり、投資信託約
款が「定型約款」に該当するという考え方もありうるものと考えられま

第 5 章　金融商品販売やその他付随業務に生じる影響

す。

　この点については、定説があるとは言えない状況ですので、今後の議論を待つ必要があるでしょう。なお、仮に投資信託約款が定型約款に該当する場合には、定型約款の変更規定（同法548条の 4 ）と投資信託約款の変更に関する投信法17条との調整が問題となりうると考えられますが、改正民法の施行に伴って関係する法律に必要な規定を整備して調整を行う法律である「民法の一部を改正する法律の施行に伴う関係法律の整備等に関する法律」においてはこの点に関する規定は設けられていません。

（2）実務への影響

　投資信託約款が「定型約款」に該当する場合、改正民法上の定型約款に係る規定が適用されます（詳しくは、Q 2 をご参照ください）。

　仮に該当するとした場合、改正民法548条の 3 （定型約款の内容の表示）の関係で、目論見書の交付によってその要件が満たされるかが問題となります。

　目論見書には、募集等にあたって必ず交付する必要がある、いわゆる交付目論見書（金融商品取引法15条 2 項）と、顧客から請求を受けた際に交付すべき請求目論見書（同条 3 項）があります。交付目論見書については、金融庁は約款記載事項のうち投資家の投資判断にとって重要な事項を記載すれば足りるとしており、約款記載事項が全て記載されているわけではないことが多いため、交付目論見書を交付したからといって「定型約款の内容を示す」とはいえない場合があります。ただし、その場合でも、顧客から請求を受けた際に交付すべき請求目論見書において投資信託約款の内容が記載されていれば、改正民法548条の 3 第 1 項に規定する「相手方から請求があった場合」に定型約款の内容を示すことになります。この点はファンド運用会社の方針によりますが、投資信託

189

約款の内容を記載している請求目論見書の交付を行えば足りるとすれば、金融機関の行うべき業務は同じですので、実務への影響はあまりないと思われます。

同法548条の4（定型約款の変更）については、その手続は規制法関係も含めてファンド運用会社が行うものですので、金融機関への影響は限定的と考えられます。

3．ファンド運用会社ごとの取扱いの確認を

現時点では、投資信託約款に定型約款に係る規定が適用されても、大きな実務上の変更はないと思われます。ただし、ファンド運用会社によっては、投資信託約款が定型約款に該当する可能性を考えて、保守的に投資信託約款それ自体を事前に一律に交付する取扱いがなされることも考えられます。ファンド運用会社によってポリシーが異なる場合には、顧客への交付資料について混乱しないように留意が必要となるでしょう。

第5章　金融商品販売やその他付随業務に生じる影響

47 金融取引と錯誤・詐欺の主張

　金融商品の販売を行った顧客から、契約締結が錯誤または詐欺によりなされたものだとして契約の効力が争われています。錯誤や詐欺についての改正で注意すべき点はありますか。

ポイント

・金融取引について錯誤が争われる場合に主張される「動機の錯誤」が明文化されました。
・顧客に対して第三者による詐欺があったことについて金融機関が知ることができた場合にも、顧客は意思表示を取り消すことが可能となります。

　錯誤・詐欺の改正について、金融機関による金融商品の販売の関係では、動機の錯誤について明文化されたこと、第三者による詐欺があったことについて金融機関が知ることができた場合にも意思表示を取り消すことが可能とされたことに留意しましょう。ただし、これらの改正により、従前の実務に大きな影響が及ぶものではないと考えられます。

解説

1．金融商品等における錯誤・詐欺の主張

　金融機関が取り扱う金融商品等（例えばデリバティブ商品、仕組預金

等）に係る訴訟等においては、顧客である相手方から、適合性原則違反や説明義務違反とともに、契約に係る意思表示が錯誤（民法95条）または詐欺（同法96条）に基づくものであった旨の主張がなされることがあります。錯誤や詐欺の主張が認められると、金融商品等の販売等に係る契約が無効とされまたは取り消される（なお、改正後は錯誤・詐欺の効果は共に取消しのみとなります）ことにより、金融機関は、契約によって得た利得（金融商品の販売に係る代金等）を返還する義務を負うことになります。

　金融商品等の販売について錯誤の主張がなされる場合、多くの場合は、動機の錯誤という形で主張がなされます。動機の錯誤とは、誤った動機に基づき意思表示を行うことをいい、例えば、元本保証のある商品を購入しようという動機があるにもかかわらず錯誤により元本保証のない商品を購入した、という場合は動機の錯誤があったと言えます。しかし、動機の錯誤による無効が認められるには、判例上、当該動機が意思表示の内容として表示されていることが必要とされており、この点がハードルとなります。

　なお、詐欺については、相手方が錯誤に陥って意思表示を行ったことに加えて、イ．欺く行為、ロ．欺く行為により相手方が実際に錯誤に陥ったこと、ハ．上記イ．およびロ．についての故意が必要となり、詐欺による取消が認められるにはさらに高いハードルがあったと言えます。

第5章　金融商品販売やその他付随業務に生じる影響

2．改正民法下で想定される実務

（1）改正民法における変更点

　錯誤・詐欺に係る規定の変更点については、詳しくは、Q53をご参照ください。金融商品の販売に関係しうる主な改正内容としては、錯誤については、金融商品等の販売について錯誤の主張がなされる場合に主張されてきた「動機の錯誤」について、「表意者が法律行為の基礎とした事情についてのその認識が真実に反する錯誤」に基づく意思表示は「その事情が法律行為の基礎とされていることが表示されていたときに限り」取り消すことができるとして、明文の規定が設けられたことがあげられます（改正民法95条1項2号、同条2項）。

　詐欺については、第三者による詐欺行為があった場合に、詐欺行為があったことを意思表示の相手方（金融機関）が知ることができた場合には、意思表示者（顧客）が意思表示を取り消すことができるとされた改正（同法96条2項）が、金融機関による金融商品等の販売の関係で影響を及ぼし得るものと考えられます。

（2）実務への影響

　金融機関による金融商品の販売の関係では、錯誤・詐欺ともに、従前の実務に大きな影響はないと考えられます。

　動機の錯誤については、従来の判例の趣旨を踏まえた改正であり、動機が意思表示の内容として表示されていることが必要となる点がハードルとなるのは変わらないものと考えられます。なお、立案担当者は、動機の錯誤を理由とする意思表示の取消について、表意者にとって法律行為の動機となった事情が契約の当然の前提とされていたなど法律行為の基礎とされ、その旨が表示されていたと言える場合に限りすることがで

193

き、また、当該表示は黙示的な表示も含まれる、としています（一問一答・22頁）。

　詐欺についても、立証のハードルが高いことは変わりません。ただし、改正民法96条2項において第三者による詐欺行為があった場合に詐欺に基づく意思表示の相手方に詐欺行為があったことを知ることができた場合の規定が設けられましたので、取引の相手方に対して第三者（例えば同種の金融商品を販売している他の金融機関や共同で販売を行っている会社等）が詐欺を行っていないかについて、念のため、これまで以上に留意する必要があります。

3．改正民法後も適切な商品説明を

　錯誤・詐欺の関係では、適切な説明が尽くされている場合にはそもそも錯誤がないとされ、詐欺も認められないことから、営業的窓口の実務としては、商品のリスクや仕組み等について正しく説明を行い、顧客が説明を受けたことの証跡を残すことが重要となります。この点は、改正民法の施行後も施行前も同様で変わりません。

第5章　金融商品販売やその他付随業務に生じる影響

48 Ｍ＆Ａ関連業務への影響

Ｍ＆Ａに関する業務について、法改正による影響はあるのでしょうか。

ポイント

・Ｍ＆Ａ取引の態様は多岐にわたります。法改正の影響は、各取引において想定されるスキームごとに検討の必要があります。

　　Ｍ＆Ａ取引の態様は多岐にわたりますので、各取引において想定されるスキームごとに、法改正の影響が及ばないか、検討の必要があります。特に、イ．金融機関がＭ＆Ａ取引にアドバイザーとして関与する場合の業務委託契約に関する影響、ロ．表明保証条項の解釈に関する影響、そしてハ．経営者の連帯保証に関する影響について留意する必要があるでしょう。

解説

１．金融機関のＭ＆Ａ関連業務

　Ｍ＆Ａ取引は、合併、会社分割や事業譲渡といった会社法上の制度を用いて行う場合もあれば、株式の譲渡などの方法を採ることもあり、法的な性質は様々ですが、企業が他の会社や事業の経営上の支配権を取得するために行われる取引を総称していいます。最近では、特に地域金融機関において重要な課題となっている顧客企業の事業承継の手段としてＭ＆Ａ取引が用いられるケースも増えてきています。

金融機関としては、顧客企業からM＆Aに関連する相談を受けて専門仲介業者に紹介を行ったり、場合によっては、金融機関が自らアドバイザーとしてM＆A取引に関与することもあります。

2．法改正の影響

　M＆A取引の態様は多岐にわたりますので、各取引において想定されるスキームごとに法改正の影響が及ばないか、検討の必要があります。以下では、M＆A取引において金融機関との関係でよく問題となりうる点として、イ．金融機関がM＆A取引にアドバイザーとして関与する場合の業務委託契約に関する影響、ロ．表明保証条項の解釈に関する影響、そしてハ．経営者の連帯保証に関する影響について解説します。

（1）業務委託契約に関する改正民法の影響

　金融機関がM＆A取引にアドバイザーとして関与する場合、アドバイザリー業務を提供する相手方との間で業務委託契約を締結することになります。この業務委託契約の法的な性質は、委任あるいは準委任と考えられますので、業務委託契約には委任に関する民法の規定が適用されます。委任に関する改正民法の主要な改正内容の概要については、Q14において既に解説していますので、Q14の**図表2-2**（66頁）をご参照ください。

　これらの改正民法の規定については、業務委託契約で異なる定めを置くことも可能ですので、現在締結している契約あるいは今後締結する契約において、改正民法の規定を修正する特約を置く必要がないか検討する必要があります。

　例えば、同法644条の2に定める委任を受けた受任者は原則として再

委託はできないとの規定（自己執行義務）について、一定の業務については委任者の承諾なくして再委託できるといった規定を置くことも考えられます。また、同法651条2項は、やむをえない事由がない限り、相手方に不利な時期に委任を解除した場合や、委任者が報酬以外に受任者の利益にもなる委任を解除した場合には、相手方に生じた損害を賠償しなければならないと定めていますが、業務委託契約の中途解約を認めるか否か、また、中途解約を認める場合の中途解約時の処理については、業務委託契約において明示的に定めておくことが望ましいと考えられます。

（2）表明保証に関する改正民法の影響

　表明保証条項は、契約の当事者が、相手方当事者に対して、一定の時点において一定の事項が真実であることを保証する条項をいいます。多くのM＆A取引における契約には、表明保証条項が設けられており、例えば、M＆A取引の対象となる企業の財務状況等について一方の当事者（当該企業の売り手）が表明保証し、当該表明保証事項が真実でないことが明らかになった場合には、他方当事者に対して損害賠償責任が発生したり、契約を解除することができるといった条項が定められます。

　表明保証条項に関する改正民法の影響については、改正民法の錯誤に関する改正内容（改正民法95条）が表明保証に関する実務に影響を及ぼすのではないかという議論がなされています。すなわち、例えば、M＆A取引の実行後に表明保証違反が判明した場合であっても、対象となる会社はすでに新たな事業方針に基づくスタートを切っているなど、取引を巻き戻して元に戻すことがそもそも不可能な場合や、事業へのダメージとなり得ることが多いと考えられます。このように、一般的にM＆A取引の実行後に表明保証違反が判明したとしても取引を無効にするとい

うことは当事者の意思に反すると考えられますが、表明保証違反が、相手方当事者にとっての改正民法95条1項2号に定める錯誤（「表意者が法律行為の基礎とした事情についてのその認識が真実に反する錯誤」）に該当するとすれば、このような取引の巻き戻しが可能になってしまうのではないかという懸念が示されています[注]。この点については、議論はその端緒についたばかりであり確立した見解が示されている状況ではありませんので、今後の議論を注視する必要があるでしょう。

　表明保証条項はもともとアメリカなどにおいて用いられてきた条項であり、日本でも比較的最近になって契約書に取り入れられる例が多くなってきたものの、日本法上の位置づけは明確ではなく、改正民法の影響についても議論がまだまだ尽くされていない状況にあると思われます。今後も様々な問題点が提起される可能性がありますので、表明保証条項に関する議論について、継続的に注視を要するものと思われます。

（3）経営者の連帯保証

　M&Aによって会社の支配権が既存の経営陣から第三者に移った場合、金融機関は、新たな経営陣に対して、会社の金融機関に対する債務について連帯保証を求めることを検討することもあると思われます。このように、経営者の連帯保証を求めるにあたっては、以下のような改正民法の影響を考慮する必要があります。

　詳細は第4章で解説したとおりですが、改正民法では、事業目的の貸金等債務に関する個人保証等の一定の類型の保証契約について、公正証書の作成がなければ無効とし（改正民法465条の6第1項、465条の8）、

[注] 井上聡「債権法研究会報告第4回　錯誤—いわゆる動機の錯誤を中心として」（金融法務事情2013号97頁~100頁）

また、契約締結時に主債務者からの情報提供（同法465条の10）や、保証
人の請求による債権者による情報提供（同法458条の2）を義務付けるな
ど、個人保証等に関する規制を強化しています。公正証書の作成に関し
ては、いわゆる経営者保証等の場合には不要とされています（同法465
条の9）ので、会社の債務について個人保証を求める場合には、同法
465条の9に定められる保証に該当するか否かを確認する必要がありま
す（詳細はQ36をご参照ください）。一方で、主債務者からの情報提供義
務や債権者による情報提供義務については、経営者保証の場合も変わら
ず適用がありますので、それぞれの金融機関の方針に従い対応を行う必
要があります（詳細はQ42、Q43をご参照ください）。

49 貸金庫取引への影響

貸金庫取引に法改正による影響はあるのでしょうか。

ポイント

・貸金庫の法的性質は一般的には賃貸借契約と解されています。貸金庫取引への法改正の影響を検討するには、賃貸借への改正内容を把握する必要があります。
・貸金庫規定が定型約款に該当するか否かも問題となります。

A 賃貸借契約に関する改正内容が貸金庫取引にただちに影響を及ぼすことは考えにくいものと考えられます。また、貸金庫規定が定型約款に該当するかについては、今後の議論を俟つ必要があるものと考えます。

解説

1. 現行民法とその下での実務

貸金庫契約の法的性質については議論がありますが、一般的には貸金庫の賃貸借契約と解されています。また、貸金庫取引については、数多くの顧客との取引が想定される画一的な取扱いの要請が大きいことから、各金融機関が定める貸金庫規定が適用されてきました。

200

第5章　金融商品販売やその他付随業務に生じる影響

2．改正民法下で想定される実務

（1）賃貸借に関する改正の影響

　貸金庫契約を賃貸借契約と解すると、貸金庫契約には改正民法の賃貸借に関する規定が適用されます。賃貸借に関する改正内容はQ56をご参照ください。主な内容としては、賃貸借の存続期間の上限の50年への伸長、不動産の賃貸人たる地位の移転・留保に関するルールの明文化、敷金に関する規定の新設などがあげられます。これらの改正については、主として不動産の賃貸借に影響が及ぶことが想定され、貸金庫取引にただちに影響が及ぶことは考えにくいものと考えられます。

（2）定型約款に係る規定の適用

　貸金庫規定は、一般的にはいわゆる約款として捉えられていると思われますが、定型約款に関する改正民法の規定の適用を受けるかについては検討が必要です。

　定型約款の要件について詳しくはQ2をご参照頂ければと思いますが、貸金庫取引の相手方を信用力のある顧客に限定しているような場合には、不特定多数の者を相手方とするとの要件を欠くこともあり得ますが、現段階では明示的に論じられていない点であり、今後の議論を俟つ必要があるでしょう。

　貸金庫規定が定型約款に該当する場合には、定型約款に関する規定の適用を受けることになります。具体的な対応内容は本部において検討することになると思われますが、営業店においても議論を把握しておく必要があるでしょう。

201

コラム

事業承継と
金融機関の役割

　近年、中小企業経営者の高齢化の進展に伴い、後継者への承継が進ま
ず廃業に追い込まれる中小企業の数が増大する傾向にあります。円滑な
事業承継がなされないために中小企業が廃業に追い込まれた場合、当該
企業が蓄積してきた技術やノウハウが失われることで社会的・経済的に
損失が生じることはもちろんですが、金融機関にとっても、顧客が廃業
すれば事業機会が失われることになり、その影響は小さくないと言えます。

　金融機関は、その業務を通じて中小企業に日常的に接しており、経営
状況を把握していることから、経営課題に対する組織的・継続的な支援
を行うことが可能な立場にあります。事業承継は中小企業が直面する経
営課題の最たるものといっても過言ではないことから、金融機関には、
中小企業の経営課題に対する支援の一環として、事業承継への関与が期
待されています。中小企業庁が2016年に策定した事業承継ガイドライン
の中でも、金融機関は、事業承継のサポート機関としての役割を与えら
れています。

　具体的に金融機関が事業承継において果たす役割としては、金融機関
本来の機能を活かし、事業承継における中小企業側の資金需要に応える
ことが考えられます。事業承継ガイドラインにおいては、事業承継にか
かる資金需要の例として、事業承継前に自社の磨き上げのためにかかる
投資資金、先代経営者からの株式や事業用資産の買取り資金、相続に伴
い分散した株式や事業用資産の買取り資金、先代経営者の所有する株式

や事業用資産にかかる相続税の支払い資金、事業承継後に経営改善や経営革新を図るための投資資金をあげています（同ガイドライン59頁）。

　また、事業承継にあたって、債務・保証・担保等が円滑に承継されるよう、金融機関としても協力する必要があります。例えば、事業承継ガイドラインでは、経営者個人が借入れを行って会社に貸し付けている場合、会社の借入れについて現経営者が個人保証を提供している場合、自己所有の不動産等を担保に提供している場合などの処理が課題とされています（同ガイドライン55頁）。経営者の個人保証に関して、2013年12月に策定された「経営者保証に関するガイドライン」においては、事業承継に際しても金融機関が保証契約の必要性に関する検討を行うなどの対応を行うことが求められています。

　以上に加えて、金融機関は、中小企業経営者に対して、事業承継に向けた準備を促すという点において、重要な役割を果たすことが求められています。前述したとおり、金融機関は、中小企業の経営課題に対する組織的・継続的な支援を行うことが可能な立場にあり、また、事業承継に必要となる専門家や支援機関とのネットワークも有することから、金融機関が中小企業経営者に対して適切に事業承継への意識付けを行うことで、円滑な事業承継が促進されることが期待されます。また、このように金融機関が取引先の事業承継に当初から継続的にコミットすることで、事業承継が実際に行われる際においては、資金需要への対応や債務・保証・担保等の処理についての円滑な対応が可能となるのです。

　中小企業の事業承継について、現に金融機関は大きな役割を果たしてきていますが、中小企業の事業承継がピークを迎えるのは今後5年から10年程度の間と言われています。それまでにさらに中小企業の事業承継への意識を高めることができるかは、金融機関の収益にも直結する、重要な課題であると言えるでしょう。

第6章

協同組織金融機関
への影響

　信用金庫や信用組合などの協同組織金融機関は、従来から、商事法定利率や短期消滅時効の適用対象となる「商人」に当たらないと解されてきました。本章では、そうした協同組織金融機関の業務に改正民法がどのような影響を及ぼすのかを解説します。

Q50 民法改正による協同組織金融機関の業務への影響

民法改正により、信用金庫や信用協同組合などの協同組織金融機関が行う業務に影響はあるのでしょうか。

ポイント

・法定利率についての改正の影響については、協同組織金融機関と他の金融機関は同様と考えられます。
・消滅時効についての改正により、協同組織金融機関は債権の消滅時効の管理方法について影響を受けるものと考えられます。

 現行商法514条が廃止され、法定利率が改正民法404条（法定利率を当初3パーセントに改正）に一本化されても、協同組織金融機関の貸出取引・預金取引に影響はほとんどないと考えられますが、協同組織金融機関が債務不履行による遅延損害金を請求された場合などは影響があるものと考えられます（改正民法419条）。これらは、他の金融機関と同様です。

協同組織金融機関は「商人」ではないことから、債権について商行為該当性の有無に従い消滅時効期間を「5年」と「10年」に区別して現在管理しているものと考えられますが、現行商法522条の廃止および改正民法166条により、債権の消滅時効期間が原則として一本化されるため、改正民法の適用を受ける債権については消滅時効期間を「5年」として管理することになるものと考えられます。他方で、営業店においては、当面、改正民法の適用を受けない債権は引き続き消滅時効期間を「5年」と「10年」に区別して管理し、改正民法の適用のある債権について

第6章　協同組織金融機関への影響

は消滅時効期間を「5年」として管理することになるものと考えられます。

解説

1．現行民法、現行商法下での協同組織金融機関の実務

（1）法定利息、消滅時効について

①現行民法における扱い

イ．法定利率

現行民法では、利率が契約などで定められていない場合などには年率5パーセントの法定利率が適用されます（現行民法404条）。また、金銭債務の不履行による遅延損害金についても、法定利率を超える利率の合意がない限り法定利率が適用されます（同法419条）。もっとも、通常、協同組織金融機関における貸出取引・預金取引では、他の金融機関と同様に、利率が契約等で定められているため、実務上、法定利率が適用されるのは、金融機関が債務不履行による遅延損害金を請求される場合などに限られます（Q8参照）。

ロ．消滅時効期間

現行民法では、原則として、債権の消滅時効期間は「権利を行使することができるとき」から10年とされています（同法166条1項、167条1項）。その他、職業別の短期消滅時効期間（同法170～174条）なども存在します。

②現行商法における扱い

商行為によって生じた債務に適用される法定利率は年率6パーセントとされています（現行商法514条）。また、商行為によって生じた債権の

207

消滅時効期間は原則として5年とされています（同法522条）。

上記「商行為」とは、利益を得て譲渡する意思をもってする動産の有償取得などの絶対的営業行為（同法501条）、賃貸する意思をもってする動産の有償取得などの営業的商行為（同法502条）、商人が営業のためにする行為（商人の行為は営業のためのものと推定）（同法503条）のことをいいます。

③協同組織金融機関における現行実務

協同組織金融機関の取引が「商行為」に該当すれば現行商法514条、522条が適用されるところ、「商人」の行為は営業のためのものと推定されるため（現行商法503条2項）、協同組織金融機関の「商人」性が問題となります。

協同組織金融機関は、特定の会員・組合員の利益や自身の営利を目的として事業を行ってはならないため、「商人」に該当しないものと解されています（信用協同組合に関する最判昭和63年10月18日民集42巻8号575頁参照）。

そのため、協同組織金融機関は、他の金融機関と異なり、顧客との取引が商行為に該当しない場合があり、特に、債権の消滅時効の期間については、現行民法166条による「10年」と、現行商法514条による「5年」の2種類の時効期間が存在すると考えられます。

2．改正民法下で想定される実務

（1）改正民法の内容

①法定利率に関する改正

改正民法では、法定利率を当面3パーセントとするとともに、3年ごとに見直しを行うとされています（改正民法404条2項、3項）。また、

法定利率が変動する場合、改正民法では、利息が発生した最初の時点における法定利率を適用するとされ（同法404条1項）、金銭債務の不履行による遅延損害金については、債務者が遅滞の責任を負った最初の時点における法定利率を適用するとされています（同法419条1項）。

これらの法定利率についての見直しに伴い、現行商法514条は廃止されることとなりました（民法の一部を改正する法律の施行に伴う関係法律の整備等に関する法律（以下「整備法」といいます）1章3条1項）。（以上については、Q8も参照）。

②消滅時効期間に関する改正

改正民法166条では、債権の消滅時効期間は債権者が権利を行使することができることを知った時（主観的起算点）から5年、権利を行使することができる時（客観的起算点）から10年となります。なお、民法改正に伴い、現行商法522条は廃止されることとなりました（整備法1章3条1項）。

協同組織金融機関における貸出取引・預金取引では利率が契約等で定められているため、実務上、法定利率が適用されるのは、金融機関が債務不履行による遅延損害金を請求される場合などに限られます。

（2）実務への影響

前述のとおり、協同組織金融機関の貸出取引・預金取引では利率が契約などで定められていることから、他の金融機関と同様に、協同組織金融機関の取引についても改正民法404条の法定利率が適用されることはほとんどないものと考えられます。他方で、協同組織金融機関が不当利得の返還請求を受けた場合や債務不履行による遅延損害金を請求された場合の利率については、同条の法定利率が適用されることがありえますが、この点も他の金融機関と同様です（Q8参照）。

209

債権の消滅時効期間については、民法改正に際して現行商法522条が廃止され、原則として改正民法166条に一本化されます。同条を前提として債権の消滅時効を管理する場合、実務上は主観的起算点と客観的起算点が一致する可能性が高いものと考えます。そのため、今後は協同組織金融機関において債権の消滅時効を管理するにあたっては、債権の消滅時効期間を「5年」に一本化して管理することになるものと考えます。

3．債権の消滅時効期間に注意が必要

　協同組織金融機関が「商人」でないことを前提として、営業店においては債権の消滅時効の管理にあたり「5年」と「10年」に区別して現在管理しているものと考えられます。一方で、改正民法の施行日前に債権が生じた場合（施行日以後に債権が生じた場合であって、その原因である法律行為が施行日前にされたときを含む）におけるその債権の消滅時効の期間については従前の例によるものとされているため（改正民法附則10条4項）、民法改正後も当面、改正民法の適用を受けない債権については引き続き債権の消滅時効期間を「5年」と「10年」に区別して管理するとともに、改正民法の適用のある債権については消滅時効期間を「5年」として管理することになるものと考えられます。

第6章 協同組織金融機関への影響

 出資金の返還債務と貸付金の相殺

出資金の返還債務を貸付金と相殺することがありますが、今回の民法改正による影響はあるのでしょうか。

ポイント

・会員または組合員の身分権的な権利義務としての要素と財産的な権利義務としての要素を含むため、単なる金銭債権ではなく、相殺を可能とするためには会員または組合員の身分権的な権利義務としての要素を任意脱退・法定脱退により失わせる必要があると考えられます。

 今回の民法改正による影響はほとんどないものと考えます。

解説

1．現行民法とその下での実務

協同組織金融機関の出資金とその貸出金の相殺の可否に関する規定はありませんが、現行民法505条1項本文では「二人が互いに同種の目的を有する債務を負担する場合において、双方の債務が弁済期にあるときは、各債務者は、その対当額について相殺によってその債務を免れることができる」としており、対立する債務が存在しても両者の性質が異なる場合には相殺できません。そこで、出資金の返還債務と貸付金の支払債務の性質が問題となります。

出資金の返還債務の性質は次のとおりです。

　協同組織金融機関の会員または組合員たる地位を取得するには、1口以上の出資をしなければならないところ（信用金庫法11条1項、中小企業等協同組合法10条1項）、出資金は払い込まれると同時に、会員については信用金庫に対して取得する持分、組合員については信用協同組合に対して取得する持分（信用金庫に対する持分と総称して、以下「出資持分」といいます）の構成要素となることから、独立の金銭債権としての性質を失います。なお、信用組合では現物出資も可能です（中小企業等協同組合法29条3項）。いずれの出資持分も、会員または組合員の身分権的な権利義務としての要素と財産的な権利義務としての要素を含むため、単なる金銭債権ではありません。

　そのため、出資金の返還債務と貸付金の支払債務をただちに相殺することはできません。この場合、出資持分が、次のような事由により、単なる金銭債権となった場合に相殺が可能となります。

①任意脱退

　信用金庫の会員が信用金庫に対して有する持分譲受代金請求権は、一般的に、譲受請求日から6カ月を経過した日以後に到来する事業年度末において、信用金庫の譲受後の持分がその出資総口数の5パーセントを超えないこと（信用金庫法16条、同法施行令5条1項）を停止条件とする金銭債権と解されています（内藤加代子他編「逐条解説 信用金庫法」74頁参照）。信用金庫は当該停止条件が成就した場合には期限の到来している貸金債権と相殺することができます。

　信用協同組合については、組合員が90日前までに予告し事業年度末において任意に脱退可能であり（中小企業等協同組合法18条1項）、組合員は脱退したときは、定款に基づき、持分の全部または一部の払戻を請求できます（同法20条1項）。かかる持分の払戻債務は単純な金銭債務であ

り相殺することができます。また、脱退者に払い戻す持分の額は脱退した事業年度末における信用協同組合の財産によって定まるため（同法20条2項）、相殺可能な時期は脱退した事業年度の末日以後になります。

②法定脱退

信用金庫の会員、信用協同組合の組合員は、資格の喪失、死亡または解散、除名等により、当然に脱退し、持分は払戻請求権に転化します（信用金庫法17条1項・18条1項、中小企業等協同組合法20条1項）。

かかる払戻債務は単純な金銭債務であり相殺することができます。また、脱退者に払い戻す持分の額は脱退した事業年度末における財産によって定まるため（信用金庫法18条2項、中小企業等協同組合法20条2項）、相殺可能な時期はいずれも脱退した事業年度の末日以後ということになります。

2．改正民法下で想定される実務

（1）改正民法

相殺の要件について定めた現行民法505条1項については、今回の改正により変更されませんが、同条2項については「前項の規定は、当事者が反対の意思を表示した場合には、適用しない。ただし、その意思表示は、善意の第三者に対抗することができない」とされているところ、改正民法505条2項では「前項の規定にかかわらず、当事者が相殺を禁止し、または制限する旨の意思表示をなした場合には、その意思表示は、第三者がこれを知り、または重大な過失によって知らなかったときに限り、その第三者に対抗することができる」と変更されます。

213

（2）実務への影響

　現行民法505条１項については、今回の民法改正により変更されない
ことから、実務上影響を受けることはありません。なお、同条２項は今
回の改正により変更されますが、かかる変更は債権譲渡制限特約の規定
（改正民法466条３項）に合わせて行われるものであり、重過失は悪意と
ほぼ同視されることから、当該変更による実務への影響は小さいものと
考えます。また、改正民法166条により消滅時効期間が変更されますが、
信用金庫、信用協同組合からの脱退に伴う持分払戻請求権の時効期間は
脱退の時から２年間と別途規定されており（信用金庫法19条、中小企業等
協同組合法21条）、当該規定については民法改正に伴う変更等は予定され
ていないことから、実務上影響を受けることはないと考えられます。

第7章

その他重要な改正

　現行民法はその「第一編　総則」において、行為能力や意思表示、代理といった、法律行為の基礎となるルールについて規定しています。本章では、これらの民法総則に規定される事項についての改正の概要を説明します。また、売買や賃貸借といった契約類型に関しては、金融機関が直接または顧客を通じて間接的に関与することに鑑み、改正民法によりどのような影響があるかについても本章で解説することとします。

意思能力、行為能力、及び公序良俗違反に関する改正

意思無能力者・制限行為能力者の法律行為や、公序良俗に反する行為の効力について、改正による影響はあるのでしょうか。

ポイント

・意思無能力者・制限行為能力者による法律行為や公序良俗違反の行為の効力について改正による影響はほとんどないものと考えられますが、取引の相手方の意思確認は営業店にとって重要な課題であり、この機会に法のルールを見直しておくとよいでしょう。

A 改正民法は、意思能力について、当事者が意思能力を有しない時にした法律行為を無効として、従来の判例の考え方を明文化しました(改正民法3条の2)。また、法律行為が公序良俗違反により無効か否かの判断にあたっては、法律行為が行われた過程その他の諸事情を考慮し、その法律行為の目的のみに着目するものではないという従前の考え方を明確化しました(同法90条)。これらは、従前の考え方に沿うものであり、金融実務への影響は小さいと考えられます。

他方で、制限行為能力については、被保佐人が他の制限行為能力者の法定代理人としてした行為を取り消すことができることとされましたが、この点についても金融実務への影響は大きくはないものと考えられます。

第7章　その他重要な改正

解説

1．意思能力に関する改正

　意思能力を欠く状態の者がした法律行為の効力については現行民法に規定はありませんが、このような法律行為は無効とする解釈が判例上確立されていました。改正民法3条の2は、この点について条文を新設し、従来の判例法理を明文化しました。

　なお、意思能力の具体的な意義について、学説には、意思能力を「事理弁識能力」であると解して、個別具体的な法律行為の内容にかかわらず一律にその存否が判断されるとする考え方もありますが、意思能力の有無は画一的に決まるものではなく、当事者の行った個々の法律行為の性質、難易等に関する考慮をも加味した上で判断されると解するのが有力な考え方です。

2．保佐人の同意を要する行為の追加

　現行民法13条1項では、被保佐人が行うために保佐人の同意を得ることを要する行為が列挙されているところ、改正民法ではこれに、「前各号に掲げる行為を制限行為能力者の法定代理人としてすること」が追加されました（改正民法13条1項10号）。

　例えば、亡き父から土地を相続した未成年者Aの法定代理人（親権者）である母Bが、精神上の障害を理由に被保佐人となった場合、Bが、Aにとって今後その土地が必要であるにも関わらず、不適切な判断で代理によって売却譲渡してしまうといった事態が生じ得ます。かかる事態への対処として、改正民法で、Bの代理による売却を取り消すことが認

217

められました。

　制限行為能力者には被保佐人以外にも被補助人、未成年者及び成年被後見人が存在しますが、このうち、被補助人については補助人の同意を要する行為が、民法13条各号の行為のうちから補助開始の審判時に選定されるため、上記の改正民法13条10号の追加の影響が及びます。また、未成年者と成年被後見人については、制限される行為が、（一部の例外を除いたうえで）単に「法律行為」とされており、上記の改正民法13条10号の行為はもともと制限されていました。

　したがって、今回の改正によって、いずれの制限行為能力者についても、他の制限行為能力者の法定代理人として法律行為をすることは制限され、または制限され得ることになったといえます。

3．公序良俗違反に関する改正

　現行民法90条では、「公の秩序又は善良の風俗に反する<u>事項を目的とする法律行為</u>」（下線部：筆者）は無効と規定されていましたが、裁判例は、公序良俗に反するかどうかの判断にあたって、法律行為が行われた過程その他の諸事情を考慮しており、その法律行為がどのような事項を目的としているかという内容にのみ着目しているわけではないとされてきました。そこで、このような考え方を条文上も明確にする意図で、改正民法90条は、「公の秩序又は善良の風俗に反する法律行為は、無効とする」と規定しました。

4．取引の相手方の意思確認に再度の注意を

　意思無能力者の法律行為や公序良俗違反の行為の効力についての改正は従来の判例法理を明文化するものであり、金融実務に与える影響は小さいと考えられます。制限行為能力者の法律行為については、保佐人の同意を要する行為の追加がなされましたが、制限行為能力者が法定代理人として金融機関と取引を行う場面は限定されており、この点についても金融実務に与える影響は大きくはないものと考えられます。

　もっとも、取引の相手方の行為能力・意思能力確認は、金融機関の営業店現場にとって、最重要の課題の一つと言っても過言ではありません。民法改正を機に、この点に再度思いを致すことが望まれるでしょう。

53 意思表示の効力に関する改正

　心裡留保、虚偽表示、錯誤、詐欺、強迫などの意思表示の効力に関する民法の規定は、どのように改正されたのでしょうか。営業店での取引実務にはどのような影響がありますか。

ポイント

・意思表示の効力に関する改正については、取引実務に大きな影響はないものと考えられます。

A　今回の民法改正のうち、意思表示の効力に関する規定部分の改正では、現行民法では条文で明示されておらず解釈に委ねられていた部分が、判例・通説に沿って明文化される内容が中心となっています。従来の判例法理や一般的な考え方を踏襲するものであり、営業店での取引実務への影響は小さいと考えられます。

解説

1．意思表示

　取引において、通常、当事者は契約締結等の目的で自己の真意に沿って意思表示をしますが、騙されたり、勘違いをしたりして、真意と異なる意思表示や、本来はしなかったはずの意思表示をすることがあります。

　現行民法93条〜96条では、このような意思表示がなされた場合について、心裡留保、虚偽表示、錯誤、詐欺・強迫という類型を分けて、意

第7章　その他重要な改正

図表7-1　意思表示の効果に関する改正民法の規定

	意思表示の効果	無効・取消時の第三者
心裡留保 （93条）	有効。 真意ではないことにつき相手方が悪意または過失のときは無効。	<u>無効を善意の第三者に対抗できない。</u>
虚偽表示 （94条）	無効	無効を善意の第三者に対抗できない。
錯誤 （95条）	① <u>有効・取消可。</u> ② 表示者が重過失のときは取消不可。 ③ ②の場合でも、相手方が、表意者の錯誤につき悪意または重過失のとき、表意者と同じ錯誤に陥っていたときは取消可。	取消を善意無過失の第三者に対抗できない。
詐欺 （96条）	有効・取消可	取消を善意<u>無過失</u>の第三者に対抗できない。
第三者による詐欺 （96条）	有効・相手方が悪意<u>または有過失</u>のとき取消可。	取消を善意<u>無過失</u>の第三者に対抗できない。
強迫（96条）	有効・取消可	規定なし（取消を第三者に対抗できる）

※下線部は改正箇所

思表示の有効性について規定しているところ、その一部について改正がなされています。

2．心裡留保（民法93条）

（1）現行民法の規定

　表意者がその真意ではないことを知ってした意思表示を、心裡留保といいます。現行民法では、「表意者の真意を知り、又は知ることができたとき」は、その意思表示は無効とされていますが、従前から、意思表示を無効として表意者を保護するために、相手方が表意者の真意まで認識している必要はなく、意思表示が「真意ではないこと」を認識してい

221

れば足りるとされていました。

（2）改正民法の規定

　改正民法は、相手方において、意思表示が「真意ではないこと」を認識していればその意思表示が無効とされることを明文化しました（改正民法93条1項ただし書き）。

　他方で、改正民法93条2項は、意思表示が無効であると知らない第三者に対しては、意思表示の無効を主張することはできない旨を規定しました。心裡留保の意思表示においては、表意者自身が、その意思表示が真意と異なったものであることを知っており、そのような意思表示をしたことについての帰責性が大きく、善意の第三者は保護されるべきであることを考慮し、当該第三者に無過失までは要求していません。

3．虚偽表示（民法94条）

　虚偽表示について定める現行民法94条は、「相手方と通じてした虚偽の意思表示は、無効」とし、その「無効は、善意の第三者に対抗することができない」としているところ、改正民法による改正点はありません。

4．錯誤（民法95条）

（1）現行民法の規定

　錯誤とは、意思表示の内容と表意者の内心の意思（真意）が異なっていることや、表意者が意思表示の基礎とした事情が真実と一致しないことを、表意者自身が知らないことをいいます。

　前者の例として、表意者が1万円で買おうという内心の意図で、1万

ドルで買う意思表示をしてしまう場合があげられます（いわゆる表示の錯誤）。

　後者の例として、コレクションしている古本シリーズの第5巻をまだ持っていないと思って購入したが、実は既に持っていた場合があげられます（いわゆる動機の錯誤）。

　現行民法95条本文は法律行為の要素に錯誤がある場合の意思表示を無効とし、同条ただし書きは、表意者に重過失があった場合に表意者による錯誤無効の主張を許されないものとしています。同条はその文言上は表意者の錯誤についての相手方の主観や関与を問わないように読めますが、動機の錯誤については、表意者の意思の形成過程そのものは相手方にとって認識できるものではなく、動機の錯誤に基づく意思表示を一律に無効とすると相手方に不当なリスクを負わせることになりかねないことから、判例は、動機の錯誤が要素の錯誤となるためには動機が相手方に表示され法律行為の内容になっていることを要求しています。

（2）改正民法の規定

　改正民法において、錯誤による意思表示は、意思表示の「目的及び取引上の社会通念に照らして重要なものであるときは、取り消すことができる」とされました（改正民法95条1項）。錯誤による意思表示を全て取り消せることとすると相手方が著しく不安定な立場となるため、重要な錯誤に限って取り消せることとしたものです。

　ただし、表意者が意思表示の基礎とした事情と真実が一致しない場合（動機の錯誤がある場合）の意思表示については、「その事情が法律行為の基礎とされていることが表示されていたときに限り」取り消すことができるとされています（同法95条2項）。ここでいう事情の表示は、明示的なものだけでなく、黙示的なものであっても良いとされています（一

問一答・22頁)。

　また、「相手方が表意者に錯誤があることを知り、又は重大な過失によって知らなかったとき」と「相手方が表意者と同一の錯誤に陥っていたとき」を除いて、表意者に重大な過失がある場合には取消をすることができないとし、表意者の落ち度等に着目して取消可能な場面を限定し、相手方保護と表意者保護のバランスが図られています（同法95条3項）。

　そして、第三者との関係については、意思表示の取消を善意でかつ過失がない第三者に対抗することができない旨規定しています（同法95条4項）。心裡留保と虚偽表示については、表意者が意図的に真意と異なる意思表示をしていて表意者保護の要請が低いことから、第三者は無過失であることを要求されませんが、錯誤の場合には表意者が意図的にその意思表示をしているわけではなく、相対的に表意者保護の要請が高いということを踏まえ、改正民法において第三者は無過失であることが要求されています。

　なお、現行民法は錯誤の効果を「無効」としていますが、判例は錯誤による意思表示の無効は原則として表意者のみが主張することができるとしており、実質的には取消に近いものと考えられています。これを踏まえ、改正民法では、錯誤の効果を「無効」ではなく「取消」としました（一問一答・20頁）。

　これらの改正はいずれも、従来の判例の立場を明文化するものであり、実務に与える影響は小さいものと考えられます。

5．詐欺・強迫（民法96条）

（1）現行民法の規定

　現行民法96条1項は、詐欺・強迫による意思表示は取り消すことがで

第7章　その他重要な改正

きると規定し、同条2項は、第三者が詐欺を行った場合は、相手方がその事実を知っていたとき（悪意）に限り、取消が認められる旨規定しています。

（2）改正民法における詐欺・強迫

　改正民法96条2項は、相手方に対する意思表示について第三者が詐欺を行った場合には、「相手方がその事実を知り、又は知ることができたときに限り」、その意思表示を取り消すことができる旨規定しました。

　現行民法では、相手方がその事実を知っていた場合に限って、相手方に対する意思表示を取り消すことができるとしていましたが、第三者が詐欺を行ったことを相手方が知らなくても、これを知ることができた場合には、相手方の信頼は保護に値すると言い難いため、改正民法では、第三者が詐欺を行ったことを相手方が知ることができたときも、表意者はその意思表示を取り消すことができるとしています。

　また、同法96条3項は、詐欺による意思表示の取消は、善意でかつ過失がない第三者に対抗できない旨規定し、第三者の保護の要件として無過失であることが要求されることを通説に従い明文化しました。このように第三者保護の要件として無過失まで要求されたのは、表意者の責められるべき事情が大きい心裡留保・虚偽表示の場合に比して表意者保護の要請が高まるためとされています（以上につき、一問一答・24頁）。

　これらの改正は、確立した判例法理がないとされていた点について明文化するものであるものの、金融実務への影響は大きくないと考えられます。

　なお、強迫について改正はありませんが、第三者が善意無過失であったとしても表意者は取消を第三者に主張できるので、詐欺に比してより表意者の保護が図られています。

225

54 代理に関する改正内容

代理に関してどのような改正がなされたのでしょうか。

ポイント

・代理に関する改正は現行民法下における判例法理を明文化するものが
多く、実務に与える影響はそれほど大きくないものと思われます。

A 　主な改正項目として、代理行為の瑕疵、代理人の行為能力、復
代理人を選任した任意代理人の責任、代理権の濫用、自己契約及
び双方代理、表見代理の重畳適用、無権代理人の責任等があげられます。
これらの改正項目は、現行民法下における判例法理を明文化するものが
多く、実務に与える影響はそれほど大きくないものと思われます。

解説

1．改正の概要

(1) 代理行為の瑕疵

　現行民法101条1項は代理行為の瑕疵について「意思表示の効力が意
思の不存在、詐欺、強迫又はある事情を知っていたこと若しくは知らな
かったことにつき過失があったことによって影響を受けるべき場合には、
その事実の有無は、代理人について決するものとする」と規定していま
すが、相手方の代理人に対する意思表示について同項が適用されるかに
疑義がありました。

226

改正民法101条は、代理人が相手方に対してした意思表示の効力（1項）と、相手方が代理人に対してした意思表示の効力（2項新設）とを分けて規定しました。同条2項の新設により、相手方が代理人に対してした意思表示の効力について、ある事情を知っていたことまたは知らなかったことに過失があったことにより影響を受けるべき場合に、その事実の有無は、代理人によって決することが明確化されました。

（2）代理人の行為能力

現行民法102条は、「代理人は、行為能力者であることを要しない」と規定していますが、代理人の行為能力が十分でない場合にその代理行為の取消の可否等について疑義がありました。

そこで、改正民法102条本文では「制限行為能力者が代理人としてした行為は、行為能力の制限によっては取り消すことができない」と規定し、原則として取消しができないことが明確化されました。このように原則として取消しができないとされたのは、本人が、代理人が制限行為能力者であることを承知したうえで選任していることに基づくものです。

もっとも、制限行為能力者が他の制限行為能力者の法定代理人である場合には、その選任に本人が関与しておらず本人保護の必要性があるため、例外的に法定代理人の行為について取り消すことができることとされました（改正民法102条ただし書）。

（3）復代理人を選任した任意代理人の責任

現行民法105条1項は任意代理人が復代理人（「復代理人」とは代理人がその代理権の範囲内の全部または一部を行わせるために、自己の名において本人の代理人を選任した場合の、選任されたその代理人を指す）を選任した場合について、「その選任及び監督について、本人に対してその責任

を負う」として、原則として選任と監督についてしか責任を負わない規定ぶりとなっていました。

改正民法では現行民法105条は削除されることとなり、復代理人を選任した任意代理人の責任は、債務不履行の一般原則に従って判断されることになりました。

（4）代理権の濫用

現行民法では代理権の濫用に関する規定はなく、判例において、代理権の濫用行為に関し、心理留保に関する現行民法93条ただし書を類推適用し、相手方が代理人の目的を知りまたは知ることができたときはその代理行為の効果が否定されていました。

改正民法107条は「代理人が自己又は第三者の利益を図る目的で代理権の範囲内の行為をした場合において、相手方がその目的を知り、又は知ることができたときは、その行為は、代理権を有しない者がした行為とみなす」との規定を新設し、代理権の濫用を無権代理とみなすとしました。これにより、本人による追認や代理人に対する責任追及などが可能となり、柔軟な解決を図ることが可能となりました（一問一答・32頁）。

（5）自己契約及び双方代理等

現行民法108条本文では、自己契約、双方代理はできない旨規定されていましたが、違反した場合の効果について規定はなく、判例では、自己契約、双方代理の効果を無権代理と同様に扱うとされていました。

改正民法108条1項本文は、この判例法理を明文化し、自己契約、双方代理の場合の効果につき「代理権を有しない者がした行為とみなす」との規定を新設し、無権代理とみなすとしました。また、自己契約・双方代理以外の利益相反行為についても、本人があらかじめ許諾したもの

を除き、無権代理行為とみなす旨の規定を新設しました（同条2項）。

　なお、ある行為が利益相反行為に当たるか否かは代理行為自体を外形的・客観的に考察して、その行為が、代理人にとっては利益となり、本人にとっては不利益となるものであるかによって判断されるものと解されています（一問一答・33頁）。

（6）代理権授与の表示による表見代理等

　代理権授与の表示による表見代理について定めた現行民法109条の規定は、そのまま改正民法109条1項として残置され、これに加え同法109条2項は、現行民法下での判例法理を明文化し、同法109条1項と同法110条（権限外の行為の表見代理）が重畳適用される旨の規定を新設しました。

（7）代理権消滅後の表見代理等

　現行民法112条本文の「代理権の消滅は、善意の第三者に対抗することができない」との規定について、この「善意」は、過去に存在した代理権が代理行為の前に消滅したことを知らなかったことを指すとするのが判例の立場でした。改正民法112条1項では、この判例の立場を明文化しました。また、同条2項は、現行民法下での判例法理を明文化し、改正民法112条1項と同法110条（権限外の行為の表見代理）が重畳適用される旨の規定を新設しました。

（8）無権代理人の責任

　現行民法117条1項は無権代理人が責任を負う要件として、「本人の追認を得ることができなかったときは」と規定し、無権代理人の責任を追及する相手方が、無権代理人が本人の追認を得ることができなかったこ

との主張立証責任を負うかのような規定ぶりとなっていました。

　改正民法では、「自己の代理権を証明したとき、又は本人の追認を得たときを除き」無権代理人が責任を負うという規定となり（改正民法117条1項）、代理人側に主張立証責任があることが明確化されました。

　また、現行民法117条2項は無権代理人が責任を負わない場合の例外を定めていますが、改正民法117条2項は、基本的にこれを維持しつつ、無権代理人の責任が否定される場合について、

　　イ．無権代理人であることを相手方が知っていたとき（1号）
　　ロ．無権代理人であることを相手方が過失によって知らなかったとき
　　　　（ただし、無権代理人が自己に代理権がないことを知っていたときは
　　　　この限りではない（2号））
　　ハ．無権代理人が行為能力の制限を受けていたとき（3号）
をそれぞれ規定しました。このうち、改正民法117条2項2号で無権代理人本人が自己に代理権がないことを知っていたときは、相手方に過失があっても無権代理人は責任を免れないことが明文化されている点には留意が必要です。

2．営業店現場では代理人の行為能力に注意を

　代理に関する改正は、現行民法下における判例法理を明確化するものが多く、実務に与える影響はそれほど大きくないものと思われます。ただし、改正民法102条ただし書で、制限行為能力者が他の制限行為能力者の法定代理人である場合に法定代理人の行為について取り消すことができるとされていることから、法定代理人が制限行為能力者かどうかの確認等について、今まで以上に注意する必要があり、この点は押さえておくべきでしょう。

第7章　その他重要な改正

55 売買契約に関する改正

融資先が設備販売事業を行っているのですが、売買契約に関して法改正による影響はあるのでしょうか。

ポイント

・売主の担保責任が債務不履行責任の特則として整理され、要件や効果について改正がなされました。

改正民法においては、売主の担保責任が債務不履行責任の特則として整理され、目的物が特定物と不特定物のいずれの場合にも適用されることとなります。要件について、目的物の「隠れた瑕疵」が「契約の内容に適合しない」に置き換えられ、効果について、買主の追完請求権（修補請求権、代替物引渡請求権、不足分引渡請求権）及び代金減額請求権が明文化され、権利行使のための通知の内容や期間制限について改正がなされました。

買主の救済方法、権利行使の要件及び期間制限等が明確になり、実務に影響があると思われます。

解説

1．融資先と顧客の取引

融資先が販売している設備（以下「本件設備」といいます）に隠れた性能の欠陥があって、修理しなければ半年後には使用できなくなる場合、

231

本件設備の買主がどのような権利を行使できるのか、現行民法及び改正民法に従った処理を見てみましょう。

2. 現行民法とその下での実務

（1）瑕疵担保責任と債務不履行責任の関係

　現行民法下では、不特定物売買については、売主が瑕疵ある物の給付を行えば債務不履行となりますが、特定物売買については、たとえ目的物の性質に瑕疵があっても、売主は当該目的物を給付すれば債務を完全に履行したことになり債務不履行責任は生じないとされており、この場合に生じる目的物と対価の不均衡を是正し買主を保護するため、瑕疵担保責任（現行民法570条等）が定められたものと解されていました。

（2）本件設備が特定物の場合

　本件設備が、特注品など個性に着目して取引された特定物の場合、判例に従えば、瑕疵担保責任の規定が適用されます（現行民法570条が566条を準用）。

　現行民法570条の「隠れた瑕疵」とは、目的物が、契約の趣旨に照らして有するべき性状を欠いており、契約時点で買主がそれについて善意無過失である場合をいいます。本件設備は修理しなければ半年後には使用できなくなるということですので、買主がそれに気づいていないのであれば、通常は、「隠れた瑕疵」があるといえるでしょう。

　この場合、買主は、イ．追完請求権（目的物の修補や代替物の引渡を請求する権利）は認められず、また、ロ．代金減額請求権も認められません（現行民法566条参照）。もっとも、買主は、瑕疵による減価分について、ハ．損害賠償請求をすることができ、瑕疵の存在によって契約の目

的を達することができないときは、ニ．契約を解除することもできます（同法566条1項）。損害賠償の範囲は、履行利益ではなく信頼利益に限られるとされています。

これらのハ・ニの権利行使期間は、買主が瑕疵を知った時から1年とされています（同法566条3項）。

（3）本件設備が不特定物の場合

本件設備が、一定の規格に従って大量生産された不特定物の場合、債務不履行責任（現行民法415条）の追及が可能です。買主としては、上記ハ．損害賠償請求（同法415条）及びニ．解除（同法541条、542条）だけでなく、イ．追完請求（目的物の修補や代替物の支給を求める）が可能です。他方で、ロ．代金減額請求権については規定がありません。

3．改正民法下で想定される実務

特定物の場合に売主の追完義務を一律に否定するという現行民法下での考え方は非常に硬直的で現代の取引実務にそぐわないことから、改正民法は、売主が契約の内容に適合した目的物等の引渡義務を負うことを前提に、担保責任を債務不履行責任の特則として整理しました（改正民法562条〜564条）。現行民法と異なり、目的物が特定物と不特定物のいずれであっても、担保責任の規定が適用されることになります。

担保責任が認められる要件ですが、「目的物が種類、品質又は数量に関して契約の内容に適合しない」場合に、売主は担保責任を負います（同法562条1項本文）。本件設備は、欠陥により半年後には使用できなくなることから、その品質が「契約の内容に適合しない」と考えられ、買主としては売主に担保責任を追及することができます。

233

改正民法では、買主にイ．追完請求権があることが明文で定められ、修補、代替物の引渡しまたは不足分の引渡しのいずれかを選択できることとなりました（同法562条1項本文）。もっとも、買主に不相当な負担を課すものでない場合は、売主は追完方法を変更することができるとされています（同項ただし書）。

また、不適合の程度に応じてロ．代金減額請求権が認められました（同法563条1項）。ただし、売主側が不適合の追完をする利益に配慮して、相当の期間を定めた追完の催告をして追完がないことが前提とされています。追完不能、確定的追完拒絶、定期行為における追完の期限徒過、その他追完の見込みがないことが明らかな場合には、売主の前記利益に配慮する必要はなく、買主は無催告で代金減額を請求できることとされています（同法563条2項）。

さらに、改正民法は、特定物売買と不特定物売買を区別することなく売主は一般に種類、品質及び数量に関して売買契約の目的に適合した目的物を引き渡す義務を負うことを前提に、引き渡された目的物が契約の内容に適合しない場合には債務は未履行であるとの整理をしています。その結果、債務不履行の一般的な規律がそのまま適用され、買主には、ハ．損害賠償請求とニ．解除権の行使が認められています（同法564条、415条、541条、542条）。したがって、損害賠償請求には売主の帰責事由が必要となり（同法415条1項ただし書）、損害賠償の範囲は履行利益にまで及び得ることになります（同法416条）。また、契約の解除をするためには原則として履行の追完の催告が必要となります（同法541条）（以上につき、一問一答・280頁）。

なお、買主に契約不適合の帰責事由があるときは、イ．追完請求権、ロ．代金減額請求権及びニ．解除権は発生しません（同法562条2項、563条3項、543条）。

234

本件の想定事例でも、買主は、性能の欠陥について、イ．修補請求するか代替物引渡しを請求するか選択でき、追完の催告をしたにも関わらず、相当期間経過後も、売主が追完しない場合は、欠陥の程度に応じてロ．代金減額を請求できることとなります。ハ・ニの権利行使も、要件を満たせば可能です（それぞれの要件についてはQ57、58参照）。

イ．については、仮に買主が新品（代替物）の引渡しを求めても、売主が早急に修補することができ、新品の使用開始と同時期に使用可能とできるのであれば、売主は、修補で対応することが可能です。

買主による担保責任の追及には期間の制限があります。すなわち、特定物か不特定物かを問わず、引き渡した目的物の品質等が契約不適合の場合において、買主がそれを知った時から1年以内にその旨を売主に通知しないときは、買主はその不適合を理由としてイ〜ニの権利行使はできないとされました（同法566条本文）。

4．実務に与える影響

今般の改正は、買主の救済方法、権利行使の要件及び期間制限等を明確にするもので、売買契約をめぐる実務に大きな影響を与えると思われます。金融機関の営業店においても、物品の購入取引の場面では自らの問題として影響があるほか、取引先企業、特に、設問にあるような設備販売事業者やメーカーにとって瑕疵担保責任は重要な問題であり、そのような取引先を有する営業店としては、ここに記載した程度の知識を得ておくことが重要と思われます。

なお、改正民法施行日前に締結された売買契約及びそれに付随する特約については、従前の例によるとされています（改正民法附則34条1項）。

Q 56 賃貸借に関する改正内容

　金融機関の店舗賃貸借契約等に関して、法改正による影響はあるのでしょうか。

ポイント

・賃貸借に関する改正は現行民法下における判例法理を明文化するものが多く、実務に与える影響はそれほど大きくないものと思われます。
・原状回復義務の範囲に通常の損耗等を含まないことが明文化されたことは、原状回復を巡る争いが多いことからすると、無用な紛争リスクを低減させるものと考えられます。

A　賃貸借に関する法改正の内容としては、判例法理を明文化したものが多いですが、賃貸借の存続期間の上限が50年に延長されたことや、賃借物件の所有権が譲渡される際に譲渡人と譲受人の合意によって賃貸人たる地位を留保することが認められたこと等は実務的に影響が大きいと考えられます。

解説

1．改正の概要

（1）賃貸借の存続期間

　現行民法では、賃貸借の存続期間は最長20年と定められていましたが、ゴルフ場の敷地に利用するための土地の賃貸借や太陽光パネルを設置す

第7章　その他重要な改正

るための土地の賃貸借など、実務上のニーズがあることから、最長50年
に延長されました（改正民法604条1項）。同じく更新期間に関しても、
現行の最長20年から最長50年に延長されました（同法604条2項）（一問
一答・315頁）。

（2）不動産賃貸人たる地位の移転・賃貸人たる地位の留保

　不動産の賃貸人たる地位の移転に関し、改正民法605条の2が新設さ
れ、同条1項で、賃借権の対抗要件を具備している場合には、賃貸人た
る地位が不動産の譲渡とともに当然にその譲受人に移転することが規定
されました。これは、現行民法下における判例法理を明文化するもので
す。

　もっとも、譲渡人と譲受人との間で、賃貸人たる地位を譲渡人に留保
する旨及びその不動産を譲受人が譲渡人に賃貸する旨の合意をしたとき
は、賃貸人の地位を譲渡人に留保できることとされ、譲渡人と譲受人ま
たはその承継人との間の賃貸借が終了したときは、譲渡人に留保されて
いた賃貸人の地位は、譲受人またはその承継人に移転することとされま
した（改正民法605条の2第2項）。このように賃貸人たる地位が譲渡人
に留保される旨の規定が設けられたのは、以下の理由によります。

　すなわち、現行民法下での賃貸不動産の信託による譲渡等の場面にお
いて、新所有者（信託の受託者）が修繕義務や費用償還義務等、賃貸人
としての義務を負わないことを前提とするスキームを構築するニーズが
あり、賃貸人たる地位を旧所有者（譲渡人）に留保するために、現行民
法下では、各賃借人から個別合意を得ることにより賃貸人の地位の留保
を行っていましたが、改正民法605条の2第2項前段で賃借人の個別の
同意を得ることが不要となりました。他方、現行民法下では賃貸人の地
位を留保したまま賃貸不動産の所有権のみを移転させると、賃借人は所

237

有権を失った旧所有者との間で転貸借の関係に立つこととなり、その後に新所有者と旧所有者との間の法律関係が債務不履行に基づく解除等によって消滅すると、賃借人は新所有者（譲受人）からの明渡請求等に応じなければならないことになり、不安定な地位に置かれるという問題もありましたが、同項後段により賃借人としての地位が保持されることとなりました（以上につき、一問一答・316、317頁）。

　賃貸不動産の信託等は、民法改正により現行民法化での賃借人の個別同意の取得という煩雑さがなくなり使い勝手がよくなることから、実務上影響が大きいものと解されます。

（3）合意による不動産の賃貸人たる地位の移転

　改正民法605条の3で、「不動産の譲渡人が賃貸人であるときは、その賃貸人たる地位は、賃借人の承諾を要しないで、譲渡人と譲受人との合意により、譲受人に移転させることができる」との規定が新設され、賃借権の対抗要件を備えていない場合についても、不動産の譲渡人と譲受人との合意により、賃貸人たる地位を、賃借人の承諾を要せずに、譲受人に移転させることができることが定められました。

（4）不動産の賃借人による妨害の停止の請求等

　現行民法下では、明文の規定はないものの、不動産の賃貸借が対抗要件を備えている場合には、賃借権に基づく妨害排除請求や返還請求を認めるという判例法理がありました。

　改正民法では、このような判例法理を明文化して、賃借人が不動産賃貸借の対抗要件を具備している場合には、第三者に対する妨害停止の請求（1号）や、第三者に対する返還請求（2号）が認められることとなりました（改正民法605条の4）。

第7章　その他重要な改正

（5）修繕等

　賃貸人の修繕義務に関し、現行民法606条1項では「賃貸人は、賃貸物の使用及び収益に必要な修繕をする義務を負う」とのみ定められていました。改正民法606条1項では、本文でこれを維持した上で、公平の観点から「ただし、賃借人の責めに帰すべき事由によってその修繕が必要となったときは、この限りでない」とのただし書が新設されました。

　賃借人による修繕について、現行民法では賃借人の修繕権限について明示的な規定はありませんでしたが、改正民法607条の2で、「賃借人が賃貸人に修繕が必要である旨を通知し、又は賃貸人がその旨を知ったにもかかわらず、賃貸人が相当の期間内に必要な修繕をしないとき」（1号)、「急迫の事情があるとき」（2号）には、賃借人が自ら修繕できる旨の規定が新設されました。

（6）賃借物の一部滅失等による賃料の減額等

　現行民法611条1項では、賃料の減額事由について、賃借物の一部の「滅失」を規定していましたが、改正民法611条1項では「滅失その他の事由により使用及び収益をすることができなくなった場合」と規定し、滅失以外の事由にも賃料減額となる対象範囲が拡大されました。

　現行民法611条1項では、賃料の減額を「請求することができる」と規定され請求によってはじめて減額がなされることになっていましたが、改正民法611条1項では「減額される」と規定され、当然に減額されることとなりました。

　また、賃借物の一部滅失等により賃借人が賃借した目的を達成することができない場合の解除の要件について、現行民法611条第1項、第2項で「賃借人の過失によらない」場合に限られる規定ぶりとなっていましたが、改正民法611条2項では「賃借物の一部が滅失その他の事由に

239

より使用及び収益をすることができなくなった場合」と規定され、賃借人の過失の有無を問わず解除できることとなりました。

（7）賃借物の全部滅失等による賃貸借の終了

改正民法616条の2で、賃借物の全部が滅失その他の事由により使用及び収益をすることができなくなった場合に、賃貸借が終了する旨の規定が新設されました。

（8）賃借人の原状回復義務

改正民法は、賃借人の原状回復義務について、賃借人は、賃借物の受領後に生じた損傷について「通常の使用及び収益によって生じた賃借物の損耗」及び「賃借物の経年変化」を除いて賃貸借終了時に原状回復義務を負う旨や、例外として、損傷が賃借人の帰責事由によらないときには原状回復義務を負わない旨の規定を新設しました（改正民法621条）。

（9）敷金

現行民法では、敷金に言及する規定（現行民法316条、619条2項）はあるものの、敷金の定義、敷金返還債務の発生要件や発生の範囲、充当関係など、敷金に関する基本的な規定は設けられていませんでした。

改正民法は、敷金の定義について「いかなる名目によるかを問わず、賃料債務その他の賃貸借に基づいて生ずる賃借人の賃貸人に対する金銭の給付を目的とする債務を担保する目的で、賃借人が賃貸人に交付する金銭」と規定しました（改正民法622条の2第1項）。

また、敷金を受領している場合において、賃貸借が終了し、かつ、賃貸物の返還を受けたときや、賃借人が適法に賃借権を譲り渡したときには、賃借人の賃貸人に対する債務の額を控除したうえでその残額を返還

第7章　その他重要な改正

しなければならないことが明記されました（同法622条の2第1項）。

2．実務への影響

　賃貸借に関する法改正の内容としては、これまでの判例法理を明文化したものが多く、基本的には実務への影響はないものと考えられます。もっとも、原状回復義務の範囲に通常の損耗等を含まないことが明文化されたことは、原状回復を巡る争いが多いことからすると、無用な紛争リスクを低減させるものと考えられます。金融機関営業店においては、自行店舗について賃借していることや賃貸物件を担保として取得していることも多いと思われるほか、取引先企業は、いかなる業種であっても賃貸借契約が無関係である先はないはずで、改正を機に、今一度、賃貸借に関する民法の基本的ルールを確認しておくことは、有意義と思われます。

57 契約解除の要件

契約の相手方が約束を守らない場合に契約を解除したいのですが、どのような要件を満たせばよいのでしょうか。

ポイント

・契約解除が債権者を契約の拘束力から解放するための制度と位置付けられ、契約解除の要件として債務者の帰責事由（すなわち、契約解除の原因となる債務不履行について、債務者にその責任があること）が不要とされました。

A 改正法は、契約解除の要件として債務者の帰責事由を不要としました。

債務者に軽微でない債務不履行がある場合、催告のうえで契約を解除することが可能です（改正民法541条）。債務不履行により契約目的の達成が不可能となったと評価できる場合は、無催告での解除が可能です（同法542条）。

解説

1．現行民法の解釈と改正の概要

現行民法において、契約解除の要件としては、同法543条（履行不能解除）にのみ債務者の帰責事由の文言がありますが、同法541条（履行遅滞解除）及び同法542条（定期行為解除）による解除においても同様に、

債務者の帰責事由が必要と解されてきました。

　改正民法は、債務不履行による解除を、債権者に対し契約の拘束力からの解放を認めるための制度と位置づけ、債務者の帰責事由を不要としました（一問一答・234頁）。

　改正後の条文は、判例や通説の考え方を明文化し、催告解除（改正民法541条）と無催告解除（同法542条）の2本立てに整理されました。

2．催告解除（改正民法541条）

　改正民法541条では、現行民法541条本文の内容は維持されているものの、ただし書が追加されています。

　具体的には、債務者に債務不履行がある場合に、債権者が相当の期間を定めて履行の催告をし、その期間内に履行がないときは、原則として契約を解除できます（改正民法541条本文）。しかし、不履行が軽微であるときは解除できないこととされ、軽微か否かについては、履行の催告がされてから相当の期間が経過した時点で、契約及び取引上の社会通念に照らして判断されることとされています（同条ただし書）。これは、判例が、不履行が軽微である場合や付随的義務の不履行があるに過ぎない場合について解除を制限していることを踏まえ、その判例法理を明文化するものです（一問一答・236頁）。

3．無催告解除（改正民法542条）

　改正民法542条1項は、債権者が催告をすることなくただちに契約を全部解除できる場合として、以下の各号を規定しました。これらは、いずれも、債務不履行により契約目的の達成が不可能となったと評価でき

る場合です。

　イ．履行全部不能（同項1号）

　ロ．確定的履行拒絶（同項2号）

　ハ．残存部分による契約目的不達成（同項3号）

　ニ．定期行為の履行遅滞（同項4号）

　ホ．その他契約目的不達成見込みが明らかな場合（同項5号）

　また、改正民法542条2項は、債権者が、催告をすることなくただち
に契約の一部を解除できる場合として、一部の履行不能と、一部の確定
的履行拒絶を定めました。

　これらの改正は、現行民法542条及び543条の内容を引き継ぐとともに、
判例の考え方を明文化するものです。

4．その他

　債務不履行が債権者の帰責事由によるときは、債権者を契約の拘束か
ら解放することは相当でないことから、このような場合には契約を解除
できないこととされました（改正民法543条）。

　また、債権者の行為等により解除権が消滅する場合を規定した現行民
法548条の「自己の行為もしくは過失」が「故意もしくは過失」に改め
られ（改正民法548条本文）、解除権者が解除権を有することを知らなか
った場合には、解除権は消滅しないとのただし書が付加されました（同
条ただし書）。このただし書の付加は、現行民法下において、例えば売
買の目的物に瑕疵があった場合に、買主がその瑕疵の存在を知らずに加
工等をしたときであっても、現行民法548条の規定によれば解除権は消
滅してしまうことになりますが、このような帰結は妥当ではないとの指
摘がなされていたことなどを踏まえたものです。

第7章　その他重要な改正

5．実務への影響

　金融機関の場合、解除が問題となる場面があるとすれば、預金・融資といった本業そのものよりは、外部からの物品調達、業務委託等に関する契約についてであると思われます。しかし、これまでも、裁判実務において、債務不履行が債務者の責めに帰することができない事由によるものであることを理由に解除が否定されることはほとんどなく、契約実務においても、債務者に帰責事由があるかどうかにかかわらず債務不履行があれば債権者は契約の解除をすることができる旨の特約が設けられていることが少なくないとの指摘もなされていました（一問一答・234頁）。そのため、上記改正による実務への影響は大きくないと推測されます。

　なお、改正法施行日前に締結された契約の解除については、現行民法が適用されます（改正民法附則32条）。

245

58 債務不履行による損害賠償請求権

　融資先企業が取引先に対して債務不履行に陥って、相手方から損害賠償を求められるような場面について、法改正による影響はあるのでしょうか。

ポイント

・債務不履行による損害賠償についての改正はこれまでの判例の考え方などを明文化するものであり、実務に与える影響は大きくはないものと考えられます。
・融資先企業は、物品の販売・サービスの提供に伴って常に債務不履行を問われ得るリスクを抱えています。改正による影響は大きくないと見られますが、これを機に、債務不履行と損害賠償を巡る法律関係を、知識として再確認しておくことは有益と思われます。

A　債務不履行による損害賠償請求については、要件及び主張立証責任に関して文言の整理がなされ、免責事由の判断枠組みが新たに規定されました。これらの改正は、基本的には、従前の判例の考え方に沿ったものです。また、填補賠償請求できる場合の規定が新設されたり、損害賠償の範囲の文言の修正などがなされましたが、これらの改正が実務に及ぼす影響は小さいと考えられます。

第7章　その他重要な改正

> **解説**

1．損害賠償請求の要件

（1）要件及び主張立証責任に関する整理

　現行民法は、債務不履行の要件として、415条前段で履行遅滞と不完全履行をあげ、後段で履行不能をあげています。415条後段にのみ帰責事由の文言がありますが、判例は、債務不履行一般について、帰責事由が必要と解してきました。また、債務者において、債務不履行が債務者の帰責事由に基づかないこと（免責事由）を主張立証しない限り、債務不履行責任を免れないと解されています。

　そこで、改正民法は、415条1項本文に履行遅滞、不完全履行及び履行不能をあげて、同項ただし書に免責を規定することにより、債務不履行一般に帰責事由が要件として必要であり、免責事由の主張立証責任が債務者にあることを明確にしました。

（2）免責事由に関する改正

　債務が契約によって生じたものである場合には、免責事由が契約の性質、契約の目的、契約の締結に至る経緯等の債務発生原因に即して社会通念を勘案して判断されるべきことから、改正民法は、免責事由が「契約その他の債務の発生原因及び取引上の社会通念に照らして」判断される旨を新たに規定しました（改正民法415条1項ただし書）（一問一答・74頁）。

（3）改正の趣旨と実務への影響

　上記の改正は、基本的には、従前の判例の考え方に沿って条文の構造

及び文言を変更するものであり、実務に与える影響は大きくはないものと考えられます。

2．填補賠償

　債務不履行において、債務の履行に代わる損害賠償（填補賠償）を請求できる場合については、現行民法に規定がありませんでした。しかし、いくつかの判例は、一定の場合に解除をしないで填補賠償を請求できる旨を判示していました。改正民法は、填補賠償を請求できる場合を明確にし、填補賠償を請求できる場合として、イ．履行不能、ロ．確定的履行拒絶、ハ．解除またはニ．債務不履行による解除権が発生した場合をあげています（改正民法415条2項）。

3．損害賠償の範囲

　現行民法416条2項の「予見し、または予見することができた」との文言が、改正民法416条2項で「予見すべきであった」に変更されました。この変更は、単に債務者が現実に予見していたか、予見することができたかという事実だけを問題にするのではなく、債務者が予見すべきであったかどうかという規範的な評価を問題とするものであることを条文上明確にするためのものです（一問一答・77頁）。従前の通説・判例の考え方に沿ってなされた改正であり、損害賠償の範囲がこの改正によって変更されるわけではないものと考えられます。

第7章　その他重要な改正

4．その他の改正

（1）過失相殺

　現行民法418条の文言が改正され、債務不履行自体だけでなく、その「損害の発生若しくは拡大」に関して債権者に過失がある場合に過失相殺ができる旨が明確化されました。現行法下で異論のない考え方を条文上明記したものです。

（2）賠償額の予定

　現行民法420条では、当事者が定めた損害賠償の予定額を裁判所が増減することができない旨規定されていますが、裁判所が、賠償予定額のうち著しく高額な部分を、民法90条（公序良俗違反）等を根拠に増減する実務が定着しています（一問一答・69頁）。そこで、賠償予定額を裁判所が増減できないとの上記規定が削除されました（改正民法420条1項）。

（3）代償請求権

　判例上も認められてきた代償請求権（債務の履行が不能となったのと同一の原因により債務者が履行の目的物の代償と考えられる利益等を取得した場合（例えば、引渡しの対象であった建物が焼失したことによって火災保険金が支給されたような場合）に、債権者が被った損害の限度で当該利益等の償還を請求できる権利）が、改正民法422条の2で明文化されました。

5．営業店現場では融資先に生じ得る問題として留意を

　金融機関の営業店自身が、債務不履行によって損害賠償を請求される

という場面は多くないかと思われますが、融資先企業は、物品の販売・サービスの提供に伴って常に債務不履行を問われ得るリスクを抱えていると言えます。改正による影響は大きくないと見られますが、これを機に、債務不履行と損害賠償を巡る法律関係を、知識として再確認しておくことは有益と言えるでしょう。

第7章　その他重要な改正

コラム

相続法改正
（配偶者居住権を中心に）

　本書は、民法の中でも債権法改正に関する書物ですが、実は、民法については相続法の改正関連法が2018年7月6日に成立しており、2020年7月までに施行されることになっています。ここでは、相続法改正について少しだけご紹介したいと思います。

　今回の改正の目玉の一つに、配偶者が死亡した場合の他方配偶者の保護があることは、2015年2月に発せられた「民法（相続関係）の改正に関する諮問第100号」が、高齢化の進展等の社会経済情勢の変化への対応を図るため、配偶者の死亡により残された他方配偶者の生活への配慮等の観点から相続に関する規律を見直すものとされていることから明らかです。

　例えば、配偶者の一方（被相続人）が死亡した場合、他方の配偶者（生存配偶者）は、それまで居住してきた建物に引き続き居住したいはずであり、生存配偶者が高齢であれば、住み慣れた家を離れて新たな生活を始めることは、精神的・肉体的に大きな負担となります。そこで、今回の改正により、配偶者の居住権を短期的に保護するための方策として配偶者短期居住権が、また、配偶者の居住権を長期的に保護するための方策として、配偶者居住権が導入される見込みです。

　後者（配偶者居住権）は、下記のいずれかの場合、生存配偶者によって取得されます。

251

① 遺産の分割によって配偶者居住権を取得するものとされたとき

② 配偶者居住権が遺贈の目的とされたとき

③ 被相続人と配偶者との間に、配偶者に配偶者居住権を取得させる
旨の死因贈与契約があるとき

　配偶者居住権は、収益権限や処分権限のない権利であり、専ら居住す
るための権利としての性質を有し、生存配偶者のニーズに即した、より
柔軟な遺産分割を可能とします。例えば、相続人が生存配偶者と子2人
で、相続財産として現金3,000万円、居住建物2,000万円（生存配偶者が被
相続人と同居していた物件）がある場合、遺言がない限りは、生存配偶者
と子で2,500万円ずつ相続することになります。この場合に、生存配偶者
が居住建物の所有権そのものを取得すると、生存配偶者は、それ以外に
は500万円分の財産しか取得できません。これに対して、配偶者居住権の
評価額が1,500万円である場合に、生存配偶者がこの配偶者居住権を取得
すれば、そのほかに1,000万円分の財産を取得できることになり、生存配
偶者はより安定した生活を営むことが可能になります。

　配偶者居住権は、遺産分割協議や遺言等で別段の定めがない限り、生
存配偶者が死ぬまで存続します。このように、夫（妻）に先立たれた妻
（夫）にとっては、配偶者居住権は、「人情味のある権利」と言えます。た
だ、配偶者居住権の評価をどうやって行うのか等、曖昧な点もないわけ
ではありません。

　また、配偶者居住権は、登記をすることで、居住建物について物権を
取得した者その他の第三者に対抗することができますので、金融機関と
しては、実務上、この文脈で配偶者居住権に遭遇することが予想されま
す。すなわち、今後、金融機関は、配偶者居住権が登記された建物を担

保に取ることを検討することもあり得ますので、金融機関としては、配偶者居住権がどのような権利であるかを理解したうえで、当該建物を担保評価しなければなりません。

　一方で、配偶者居住権の登記に先立って、金融機関が居住建物に担保権を設定し登記も行っていた場合、配偶者居住権は担保権に劣後することになります。この場合、金融機関は、法律上、生存配偶者の生存中であっても担保権を実行することができてしまいますが、担保権を実行することは、なかなか心情的にハードルが高そうです。それでも、未払債権の金額が非常に大きいなどの事情があれば、担保権を実行して早期に債権回収を目指すべき場合もないわけではないように思われ、金融機関としては、苦渋の選択を迫られることになりそうです。

〈編著者・執筆者紹介〉

岩田合同法律事務所
1902 年、故岩田宙造弁護士（貴族院議員、司法大臣、日本弁護士会会長等を歴任）により創立された我が国において最も歴史ある法律事務所の一つ。金融機関をはじめとして、各業界の代表的企業から新規・成長企業まで多様なクライアントの法律顧問として、総合的なリーガルアドバイスを提供している。
《連絡先》
〒 100-6310　東京都千代田区丸の内二丁目 4 番 1 号丸の内ビルディング 10 階
代表電話　03-3214-6205

〈編著者〉

本村　健（もとむら　たけし）
第 7 章担当、Q5、第 1 章コラム（執筆箇所。以下同じ）
弁護士（1997 年登録）。経営法務を中心に、訴訟案件全般に豊富な経験を有する。最高裁判所司法研修所民事弁護教官（現任）。「金融機関役員の法務‐コーポレートガバナンスコード時代の職責」（編著、一般社団法人金融財政事情研究会、2016 年）等著作多数。

佐藤　修二（さとう　しゅうじ）
第 4 章担当、Q2 ～ Q3、Q22 ～ Q23、Q25、Q36 ～ Q44、第 4 章コラム
弁護士（2000 年登録）。2011 年～ 2014 年、東京国税不服審判所国税審判官。成蹊大学法科大学院非常勤講師。税務を得意分野としつつ、企業法務全般を取り扱う。「実務に活かす！税務リーガルマインド」（編著、日本加除出版、2016 年）等著作多数。

村上　雅哉（むらかみ　まさや）
第 1 章、第 3 章、第 6 章、第 7 章担当、Q1、Q16 ～ Q18、Q24、Q26 ～ Q29、Q31、Q34 ～ Q35、第 3 章コラム
弁護士（2003 年登録）。銀行法務や反社対応、倒産法対応、M&A などを中心とした企業法務全般を幅広く取り扱っている。「特集　民法改正中間試案に見る融資実務への影響」（共著、銀行実務 2013 年 6 月号）等著作多数。

柏木　健佑（かしわぎ　けんすけ）
第 2 章、第 5 章担当、Q4、Q6 ～ Q15、Q45 ～ Q49、第 2 章コラム、第 5 章コラム
弁護士（2007 年登録）。ストラクチャードファイナンス案件をはじめとする金融法務を中心に企業法務全般を取り扱う。著作に「アブラハム・プライベートバンク事件などを踏まえた投資助言業務の分析」（共著、旬刊商事法務 2019 号）等がある。

〈執筆者〉 （五十音順）

荒田 龍輔（あらた　りゅうすけ）＝　Q50〜Q51（執筆箇所。以下同じ）
弁護士（2009年登録）。2017年から、大手生命保険会社勤務。

飯田 浩司（いいだ　ひろし）＝　Q45〜Q47
弁護士（2010年登録）。2014年から2016年まで金融庁総務企画局企画課保険企画
室に勤務し、保険業法等の法令改正の企画立案等に従事。

伊藤菜々子（いとう　ななこ）＝　Q19〜Q21
弁護士（2007年登録）。2013年から2015年まで証券取引等監視委員会証券検査課
に勤務。

小松 徹也（こまつ　てつや）＝　Q55、Q57〜Q58
弁護士（2008年登録）。2001年から2003年まで商工組合中央金庫勤務。

笹川 豪介（ささかわ　ごうすけ）＝　Q36〜Q37、Q41
弁護士（2011年登録）。2004年4月より大手信託銀行勤務（現任）、2014年10月
より2016年9月まで岩田合同法律事務所勤務。筑波大学ビジネス科学研究科法曹
専攻非常勤講師他。

佐々木智生（ささき　ともお）＝　第7章コラム
弁護士（2016年登録）。

鈴木 正人（すずき　まさと）＝　Q50〜Q51
弁護士（2002年登録）。ニューヨーク州弁護士登録（2009年）。2010年から2011
年まで金融庁・証券取引等監視委員会にて課長補佐、専門検査官として勤務。

徳丸 大輔（とくまる　だいすけ）＝　Q32〜Q33
弁護士（2008年登録）。2014年から2016年まで法務省大臣官房訟務部門及び同省
訟務局にて訟務検事として勤務。

冨田 雄介（とみた　ゆうすけ）＝　Q10〜Q12、Q15
弁護士（2010年登録）。2014年から2016年まで大手信託銀行勤務。

中村 忠司（なかむら　ただし）＝　Q54、Q56
弁護士（2004年登録）

早川 祐司（はやかわ　ゆうじ）＝　Q52〜Q53
弁護士（2011年登録）

森 駿介（もり　しゅんすけ）＝　Q30
弁護士（2011年登録）

債権法改正Q&A

――金融実務の変化に完全対応――

2018年9月21日 初版発行
　1刷　2018年9月21日

編　者	岩田合同法律事務所	
編著者	本村　健	
	佐藤修二	
	村上雅哉	
	柏木健佑	
発行者	星野広友	

発行所　㈱銀行研修社

東京都豊島区北大塚3丁目10番5号
電話　東京 03(3949)4101(代表)
振替　00120-4-8604番
郵便番号　170-8460

印刷／株式会社キンダイ
製本／株式会社常川製本
落丁・乱丁はおとりかえいたします。
ISBN978-4-7657-4588-8 C2032

謹告 本書の全部または一部の複写、複製、
転記載および磁気または光記録媒体への入
力等は法律で禁じられています。これらの許
諾については弊社・秘書室(TEL03-3949-4150
直通)までご照会ください。

2018 © 岩田合同法律事務所／本村健／佐藤修二／村上雅哉／柏木健佑 Printed in Japan